W0061484

Für meine Kleine Carina
zum Erinnerung an Ihre
Schwester im Jeschua-
Christus, und zum
Schriftlichen kennenlernen
Jerusalaim, Stadt wo
unser Herrn wiederkommen
wird.

In liebe Vera

Berlin, 02.07.10

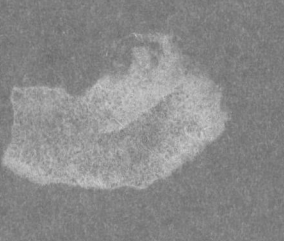

Jerusalem Altstadt

Paul Badde

Jerusalem Jerusalem

Verlag Volk & Welt
Berlin

Bei den vorliegenden Texten handelt es sich um Reportagen, die in den Jahren 1985 bis 1995 im Magazin der Frankfurter Allgemeinen Zeitung erschienen sind.

»Die wirklichen Probleme haben keine Lösung,
sondern Geschichte.«

Nicolás Gómez Dávila

I

Jerusalem Jerusalem

Gott liebt diese Stadt. Viele Jahrhunderte hindurch haben deshalb unzählige Menschen geglaubt, sie sei das Zentrum der Erde, der Nabel der Welt. Doch wie die Sonne nicht auf- oder untergeht, wenn unser Globus sich um seine Achse dreht, so liegt auch Jerusalem natürlich nicht in unserer Mitte. Im Gegenteil war gerade diese Stadt schon immer exzentrisch: ein Exzenter, der die Menschen und ihre Geschichte statt um ihre Pole und von ihren eigenen Plausibilitäten her von außen und dennoch mehr als alle anderen Städte bewegt hat.

Die herrlichsten Psalmen besingen den Staub ihrer Gassen, aus den schönsten Liedern ist ihr ein Kranz durch die Jahrtausende geflochten worden. Und das erste Mal begegnen wir ihr schon, als sie noch gar nicht da ist: als wir einen alten Beduinen und seinen jungen Erstgeborenen den steinigen Weg zu einem ihrer Hügel am Rande der Wüste hinaufsteigen sehen. Sie schweigen beide, der eine mit einem Becken glühender Kohlen und einem Messer in den Händen und der andere mit einem Stapel

Holzscheite auf dem Rücken. »Vater!« hören wir da den Jungen auf halber Höhe sagen. »Ja, mein Sohn?« »Vater, sieh mal: Feuer und Holz haben wir hier. Aber wo ist denn das Lamm, das du opfern willst?« »Für das Lamm wird Gott schon sorgen.« Dann schweigen sie wieder. Wir sehen den Schweiß auf der Stirn des Alten glänzen und wissen, daß es nicht die Hitze ist, die ihn aus seinen Poren treibt: Es ist der Glaube.

Auf mehr als die Hälfte der Menschheit sind seitdem die Nachkommen des Alten angewachsen. Vielleicht, könnte man denken, ist die dreimal heilige Stadt der uneinigen Abrahamiten auf diesem Berg dadurch zu groß geworden für die Juden, Christen und Muslime und jeden, der sie zu fassen oder erfassen versucht. Der spanische Dichter Jehuda Ha-Levi, der noch im Mittelalter in seinen »Zionsliedern« den Ton Davids zu treffen verstand, starb, als er sie in der Abendsonne zum erstenmal erblickte. Das Herz Jerusalems jedoch, die ummauerte Altstadt im Osten, bedeckt immer noch gerade nur einen guten Quadratkilometer, unterteilt in einen muslimischen, einen jüdischen, einen christlichen und einen armenischen Teil.

Hier ist der Ort, wo nach einer muslimischen Legende die Entfernung zum Himmel achtzehn Meilen betragen soll. Doch der Himmel wiegt schwer, und längst nicht alle Jerusalemiter hatten und haben den Glauben Abrahams. Denn zur Hölle geht es hier nicht einmal eine Meile, sondern nur einen Fußweg hinunter. Dort, vom Hinnom-Tal, das sich wie eine Schlange um den Fuß des Zion windet, stammt der Name der Gehenna, der Hölle. Dort standen die

8

Altäre, wo die Auserwählten des Einzigen mit Kindsopfern und Hurendiensten der Gunst auch der sehr vielen und fremden Götter der Gegend nachgelaufen sind.

»Reiß die Augen auf, Jerusalem!« ließ daher der Eine Herr der Stadt durch Jeremia ausrichten. »Ich habe genug von deinem geilen Gelächter. Vor Schmerz wirst du kreischen wie eine Frau, die in Wehen liegt. Deine vielen Vergehen sind der Grund, daß man dir jetzt den Rock hochhebt und dich vergewaltigt. Mehr noch, ich selbst werde dir dein Kleid hoch, hoch bis über dein Gesicht zerren. Alle sollen dich nackt sehen! Wehe, wehe dir!« Das waren keine leeren Drohungen. Und wenn es wahr ist, daß, wen Er liebt, Er besonders züchtigt, dann ist gewiß Jerusalem die geliebteste Seiner Städte, die reichste auch an allen Verbrechen und Massakern dieser Erde.

Von der Bronzezeit bis zu den Blutbädern der jüngsten Tage hat die »Stadt des Friedens« mehr Kriege und Gemetzel erlebt als jede andere Stadt der Erde.

Wir sehen Eroberer ohne Zahl über ihre Mauern steigen, Belagerer vor ihren Zinnen verdursten und vermeintlich endgültige Zerstörer Salz über ihre verwaisten Gassen und Ruinen werfen. Das große Babylon und das große Rom, Assyrer und Griechen, Seldschuken und Mamelucken, Engländer und Franken, Türken und Araber tauchen als ebenso gnadenlose wie flüchtige Vergewaltiger und Herrscher der Schönen in ihren Gärten auf, eine Supermacht nach der anderen.

Jerusalem hat wahrhaftig geschrien wie eine

Frau unter der Geburt, lauter noch und oft und immer wieder. Als die Römer die Stadt eroberten und den Tempel zerstörten, reichten die Bäume auf den Hügeln ringsumher nicht aus, um all ihre halbverhungerten Bürger zu kreuzigen. Sogar den Namen des aufsässigen Fleckens wollte Hadrian aus der Geschichte löschen. »Aelia Capitolinia« nannte er deshalb die Garnisonsstadt, die er über ihren Gräbern und Trümmern errichtete. »Illya« hieß sie deshalb noch lange Zeit bei den Arabern, bis sie sie später nur noch kurz »El Kuds«, die Heilige, nannten, nachdem der Kalif Omar auf einem schneeweißen Kamel an der Spitze eines unübersehbar großen Heeres von Wüstenkriegern in sie eingedrungen war. Nur sechzehn Jahre nach Mohammeds Flucht von Mekka nach Medina geriet sie schon unter das Banner des Propheten.

Knapp fünfhundert Jahre später sehen wir rheinische Ritter und Grafen von der Loire an einem heißen Julitag die Stadt barfüßig und unter gregorianischen Litaneien umpilgern, siebenmal, wie Josua um Jericho. Anders als in Jericho aber stürzten die Mauern hier nicht von selber ein. Und anders als bei Omar bildeten die fremden Ritter in ihren verrosteten Rüstungen auch keine unüberblickbare Streitmacht; schon der Weg vom Ende der Welt hierher hatte sie schrecklich dezimiert. Dennoch entrissen sie Jerusalem den dreifach überlegenen Verteidigern. »Gott will es!« schrieen sie wie von Sinnen.

»Bis zum Gebiß ihrer Pferde« türmten sich in der Stadt die Leichenberge, bevor sie »unter Seufzern und Weinen« den heiligen, blutbesudelten Boden küssen und endlich, am Ziel ihrer Reise, in der Grabeskirche, mit heiseren Kehlen ihr »Te Deum« anstimmen konnten. Allzulange sollte allerdings auch ihr Lobpreis hier nicht dauern. Das Königreich Jerusalem blieb eine Episode, die nicht die Stadt, sondern Europa von Grund auf verändern sollte. Die Viren einer neuen Zeit waren schließlich alles, was die letzten gescheiterten Kreuzfahrer von ihrer größten Aventiure mit in ihr heimatliches Mittelalter zurückschleppten.

Das Wort »Frandschi«, Franke, für Ausländer hat seitdem aber in der arabischen Welt seinen bitteren Beigeschmack nie mehr ganz verloren. Ein anderer Franke, Lawrence von Arabien, leitete mit seinen Beduinen für General Allenby im Ersten Weltkrieg schließlich den bisher vorvorletzten Akt des Schicksals Jerusalems ein, bevor die Stadt 1948 ein letztes Mal noch an die Araber und dann 1967 – nach 1832 Jahren – wieder an die Erben Davids zurückfiel, das heißt: die Stadtverwaltung.

Denn keiner von all denen, die die Stadt so oder so besucht haben, ist jemals wieder ganz von hier weggezogen, auch wenn all ihre Reiche längst zerfallen sind.

»Am Ende der Tage wird es geschehen«, hatte der Prophet Jesaja gut 700 Jahre vor Christus über Jerusalem vorausgesagt: »Dann steht der Berg mit dem Haus des Herrn fest gegründet als höchster der Berge; er überragt alle Hügel. Zu ihm strömen alle Völker. ... Dann schmieden sie Pflugscharen aus ihren Schwertern und Winzermesser aus ihren Lanzen. ...« Zumindest zur unbedeutenderen Hälfte ist diese Prophezeiung in unserem Jahrhundert nun endgültig in Erfüllung gegangen: Die große Völkerwallfahrt ist hier bereits endgültig ans Ziel gelangt. Alle sind heute da. Nur das große Schalom noch nicht. So besteht die Stadtbevölkerung heute vor allem aus einem einzigen Heer von Wächtern der verschiedensten und verschieden alten Ansprüche an diesen Ort.

An einem Montag im »Queen's Café« gleich links neben dem Damaskus-Tor ist es, als würden Abgesandte aller Länder und Zeiten an den Wasserpfeifenrauchern und Schuhputzern vorbeieilen. Wer hier aber sitzt, nimmt sich Zeit. Der Mokka ist süß und duftet nach Kardamom, vom Tor her zieht das Aroma frischer Salbeibüschel durch die Gasse, die Marktfrauen dort unter den Bögen feilbieten. Kinder balgen sich auf den Stufen. Ein Kätzchen springt auf der Mauer hinter einem kleinen Vogel her.

Der Suq-Khan-Ez-Zeit beginnt hier, seit römischer Zeit eine der Hauptarterien der Stadt, durch die das Blut in einem beständigen Fluß von neuem in diesen Körper pulsiert: alte Ägypterinnen mit unergründlichen Augen und eintätowierten Kreuzen auf der Stirn, Chassidim aus Mea Schearim vor den Toren, wo die Krochmalna-Straße aus Warschau eine bleibende Verlängerung gefunden hat und der Baal Schem Tov und Rabbi Nachman von Bratzlaw nicht nur in Straßennamen weiterleben, abgerissene Bettler mit den Zügen burgundischer Kreuzfahrer, Zwerge und Riesen, Palästinenser in verbeulten Jacketts über zerschlissenen Dschellabas, Franziskaner in schlichten Kutten und abgelaufenen Sandalen. Dazwischen immer wieder Besucher aus aller Welt.

Denn wer im Westen geboren wurde, in Europa, den beiden Amerikas, in großen Teilen Afrikas und bedeutenden Teilen Asiens, in Australien und sogar im endlos großen Rußland, ist in Jerusalem kein Fremder. Wo sonst ist er in einer Stadt so sehr mit der Topographie vertraut, mit dem Ölberg im Osten, dem Tempelberg und dem Kidrontal dazwischen und so weiter. Jede Bibel verwahrt in ihrem Anhang einen Plan der alten Stadt, aus der Zeit Davids, der Zeit der Propheten, der Zeit Jesu – schon in den frühesten Klassen haben Religionslehrer die Karten an die Wand gehängt. Mit Jerusalem sind also fast alle Reisenden schon vor ihrer Ankunft vertraut. Und die Einwohner sind sich in dieser Stadt schon seit Jahrhunderten hartnäckig fremd geblieben. Das alles ist hier mit den Händen zu greifen.

Esel balancieren schwankende Lasten durch die schiebende Menge. Milchgesichtige Schlemihle drängeln sich an russischen Mönchen vorbei. Scheichs in kostbaren Gewändern sehen wie hochmütige Dromedare herüber. Männliche Pärchen schlendern in alter arabischer Selbstverständlichkeit Hand in Hand auf das Café zu. Andächtige Nonnen gehen neben jemenitischen Prinzessinnen her, und europäische Freigeister machen scheuen Äthiopiern im blauen Burnus Platz: beschnittenen Christen, die den Sabbat wie Juden heiligen ... Die Prozession nimmt kein Ende.

Es ist ein einziges Vorbeigleiten und Schieben an diesem Platz. Jerusalem eine urbane Arche Noah. Hier wohnen sie alle zusammen: die Armenier, die so schlau wie zehn Juden sind, die es wiederum einzeln mit den Geistesgaben von zehn Griechen aufnehmen können – wenn auch nicht in dieser Proportion. Und weil dieses Muster eben zu alt und ausschließlich ist, als daß in seiner Berechnung auch noch Holländer oder gar Amerikaner auftauchen könnten, ziehen hier unter dem Gewoge der Kapuzen, Mützen, Turbane, Hüte, Käppis und Locken viele ungeklärte Fragen gleichsam mit an einem vorüber: Wie viele Syrer kommen auf einen Marokkaner und so weiter. Müßige Fragen. Denn rein numerisch sind die Juden seit geraumer Zeit in Jerusalem wieder die Allerklügsten. Seit über hundertvierzig Jahren stellen sie nun wieder die Mehrheit der Stadt.

Ob die Armenier heute aus diesem Grund manchmal so mißtrauisch wirken? Ihr Viertel in der Hauptstadt Israels, in dem selbst die Juden wieder ein Ghetto besitzen, gleicht fast einer Festung, durch die hohe und fensterlos abweisende Mauern fremde Passanten wie durch Kanäle an den dahinter verborgenen Schätzen vorbeischleusen.

Doch wer traut hier überhaupt schon wem? Der Siedekessel des Friedens ist eine große Gerüchteküche der Welt. Klug ist hier – wie es scheint – ein jeder. Und an Dummheit hat die Stadt ja tatsächlich bisher am wenigsten gelitten. Die wallenden Bärte der Erzpriester und Schriftgelehrten in der Straße lassen sie im Gegenteil leicht als einen einsamen Fluchtpunkt gedankentiefer Belesenheit erkennen. Ein listiger griechischer Mönch will etwas von einer hochgeheimen »Operation Samson« in den Schubladen des israelischen Verteidigungsministeriums erfahren haben, die – für den Fall der höchsten Not –

vorsieht, auf einen Schlag sämtliche Ölfelder des Nahen Ostens nuklear zu verdampfen. Die Tempel der Industrieländer würden auf einen Schlag zusammenstürzen, wenn sie das bedrohte Land dem Untergang überließen.

»Ach was«, entgegnet darauf ein armenischer Arzt, »dieser Plan geht doch von einem überholten Konfliktmodell aus. Wo ist denn der Staat, der es noch wagt, gegen Israel Krieg zu führen? Die Gefahr heute besteht darin, daß die Zeit der Nationalstaaten – die ja gefährlich genug war – nun langsam zu Ende geht zugunsten transnationaler politisch-religiöser Bewegungen, wie sie aus dem Iran über die Grenzen sickern. Denn sehen Sie, über Jerusalem werden sich Israel und Jordanien über kurz oder lang schon einig, und die Religionen ebenso. Aber was ist, wenn diese stillschweigenden oder offenen Übereinkommen der Staaten ihren Wert gemeinsam mit den Partnern verlieren, die sie getroffen haben? Was ist, wenn die verschleierten Frauen in der Nähe des Stephanstors immer mehr werden oder die radikalen Studenten der Diaspora-Jeschiwa aus New York, die sich auf dem Zionsberg schon jetzt um keine alte Regel oder etwa eine behördliche Genehmigung mehr scheren: alte Junkies, die sich seit vorgestern die Schläfenlocken nicht mehr rasieren?«

Hussein, ein palästinensischer Lehrer, fürchtet die Mullahs nicht, sondern haßt sie aus ganzer Seele. »Wir aber«, sagt er, »sind doch keine Bewegung, wir sind ein Volk, und um Völker geht es hier und nicht um ideologische oder theologische Fragen. Wem gehört dieses Land, wem soll es gehören? Denen, die bis 1948 oder denen, die bis zum zweiten Jahrhundert hier gelebt haben? Ja, ja, die Juden stammen von Isaak und Jakob ab, meinetwegen, aber von wem stammen wir, die ›Philistini‹, denn ab? Vom Wüstensand? Wo sind denn die Philister geblieben, die damals hier siedelten, als die Hebräer das erste und zweite Mal aus Babylon und Ägypten hierherkamen? Wer lebte hier vor viertausend Jahren?«

Die Antwort darauf läßt hier nie lange auf sich warten: »Jeder Araber, der lesen kann, weiß genau: Gott – und nicht die UNO oder die Engländer oder wir selbst – hat uns dieses Land versprochen«, erzählt Moshe, ein aus Kairo zugewanderter Sepharde. Er ist Taxifahrer und redet mit seinen Eltern noch Ladino, jenes altertümliche Spanisch, das einmal die einzige Habe der Emigranten war, die die Inquisition aus Spanien vertrieb. »Die Bibel wurde doch in alle Sprachen übersetzt, jeder weiß also, daß es so ist. Warum will dann keiner wissen, daß jeder, der uns das Land wieder nehmen will, gegen Gott selber kämpfen muß?«

Hussein war nur eben zu einem Tee auf dem Heimweg hier vorbeigekommen, nach einem kurzen Besuch im Basar, in dem er seinem Sohn noch schnell eine Überraschung erstanden hatte: einen Plastikbeutel voller Kriegsspielzeuge. Er ist ein gebildeter Mann, er hat nur diesen Sohn. Moshe aber hat vier Kinder, sechzehn Stunden Arbeit am Tag und keine Zeit für Cafébesuche. Sein Geschäft läuft miserabel. Darum will er nun ins noch gelobtere Land, nach Amerika. Denn es herrscht wieder einmal eine große und drückende Teuerung im Land Jakobs, und in

Ägypten wohnt keiner seiner Brüder mehr, bei dem er billig Getreide kaufen könnte.

»Nicht mal der Teufel wird mit Jerusalem fertig«, seufzt Munir, ein Kellner und syrisch-orthodoxer Christ, der in seiner Familie noch Aramäisch, die Sprache Jesu, spricht.

Der Augapfel Gottes hat jedenfalls nicht aufgehört, ein Zankapfel der Menschen zu sein. Der gesamte Ost-West-Konflikt dieser wie der Nord-Süd-Konflikt der kommenden Zeit kräuselt sich zu kaum mehr als einer Schaumkrone auf den Wellen der Geschichte vor den menschheitstiefen Rissen, die Jerusalem durchziehen: vor der ungelösten Aufgabe, himmlische Zusagen als anerkannte irdische Rechtstitel geltend zu machen.

Was aber wird denn nun aus Jerusalem? Schalom Ben-Chorin, der von Deutschland bis Japan vielgelesene Anwalt der Toleranz aus der Oettinger Straße in München, dessen Bücher in Israel nicht einmal in der Landessprache erschienen sind, steht bei dieser Frage aus dem Sessel auf, tippelt mit kleinen Schritten zur Wand und liest mit lauter Stimme auf hebräisch einen Vers Sacharjas vor, den er dort hinter Glas hängen hat: »Ich werde Jerusalem zu einem schweren Stein für alle Völker machen: Jeder, der ihn heben will, wird sich daran die Arme ausrenken.« Und Vater Düsing, ein ebenso alter graubärtiger Lateiner aus dem Rheinland, der so schön wie ein Russe zu singen versteht, sagt dazu in seinem ikonengeschmückten Zimmer: »Wir müssen Rom weiter lieben wie bisher, aber Jerusalem noch ein bißchen mehr.«

Fragt man die Straßen, Gassen, Mauern und Häuser, antworten sie einem nicht anders, auch sie sind ein Labyrinth.

Die Ziele, die man hier ins Auge faßt, sind selten weiter als einen Kilometer entfernt, doch wenn man sich nur ein wenig treiben läßt, kann der Weg leicht Stunden dauern. So ist man hier immer unterwegs, wie die Stadt selbst ein großes dauerndes Unterwegs ist. Das ist durchaus auch wörtlich zu verstehen: Jerusalem ist nicht nur durch die Jahrhunderte gewandert. Der unverrückbare Berg Abrahams, Moria, der sich früher an der nordöstlichen Ecke der Stadt befand, liegt nun an ihrer südöstlichen Ecke. Und um den ehemaligen Schädelfelsen, der früher außerhalb der Mauer lag, ist längst das Gewühl und Gedränge des Basars gewachsen.

Über weite Strecken hat sich dadurch natürlich auch die Via Dolorosa in eine profitable Via Vendorosa verwandelt, in der Dornenkronen gleich körbeweise den Besitzer wechseln. In der Nähe des Ecce-Homo-Bogens, wo die Straße gewöhnlich ein wenig stiller ist, heult heute ein Kind herzzerreißend unter der öffentlichen Züchtigung durch seine Großmutter auf. Wenige Schritte weiter, auf einem Stuhl vor der Tür, wiegt ein Mann seinen Kopf über die Mißhandlung, verdreht die Augen nach oben und spreizt mitfühlend machtlos beide Hände. Die Straße ist ein kleiner Kreuzweg geblieben. Längst trauen sich viele israelische Einwohner kaum noch, sie zu benutzen – im Herzen ihrer Hauptstadt, allerdings im muslimischen Viertel. Das Pflaster ist nicht härter, aber anders als andere Pflaster. Über dem Türbogen eines griechischen Konvents sehen einige zerbrochene Glühbirnen wie ausgeschlagene Zähne aus.

Ein Wechsel von Licht und Schatten ist der beständige Begleiter auf diesen Wegen, ebenso wie jene Arbeitslosen, die einem in fünf Sprachen »Guten Morgen« wünschen, ein Stück neben einem herlaufen und dann die Hand für ihre Führerdienste aufhalten. Für Sekunden wird man immer wieder geblendet, wenn sich Lichtstrahlen wie blinkende Messer in das Halbdunkel der Kasbah graben.

Die Straßennamen sind als verzierte Kacheln in die Wände gelassen, in drei Sprachen in dreierlei Schriftzeichen: aus züngelnden Flammen auf hebräisch, aus wehenden Wimpeln auf arabisch und aus Klingen, Kreuzen und Säbeln in lateinischen Lettern.

Pilger und Reisende kommen nicht wie zu anderen Wallfahrtsorten einer Erscheinung wegen hierhin. Die ganze Stadt ist eine Erscheinung und doch kein Gespenst oder Gespinst. »Psst, Habibi!« flüstert eine mittellose Schönheit in einem verschwiegenen Winkel und winkt einem mit der Hand zu ihrer angelehnten Tür. Hier kommen die schwerbewaffneten Militärpatrouillen nicht hin, die sonst überall die Stadt durchstreifen, oder der Schrecken, der einen befällt, wenn man plötzlich Gruppen lässiger junger Männer und Frauen in Jeans, T-Shirts, Espadrilles und mit Schnellfeuergewehren in der Armbeuge gegenübersteht. Doch man gewöhnt sich daran. Terroristen würden ihre gefürchteten Waffen ja nicht so offen tragen wie solche Bürgermilizen »für eine sicherere Gemeinde«.

Wahrscheinlich ist es deshalb wirklich so, daß seit Jahren gerade der vielen Gewehre wegen in diesem Irrgarten weniger Schüsse als in Belfast oder Bilbao fallen. Im Schutz dieser Sicherheit sind die Spannungen dennoch nicht geringer, sondern größer geworden, so groß schließlich, daß man sie heute oft mit den Augen sehen und den Händen berühren kann, wie etwa die kleinen Mesusa an den Türpfosten von immer mehr Häusern und öffentlichen Gebäuden der Altstadt. Denn die winzigen Metallkapseln sind gleichzeitig Beweise mosaischer Gesetzestreue wie höchst handfeste Besitzansprüche. Das »Sch'ma Israel« ist in ihnen eingerollt, das wichtigste jüdische Gebet, uralt, und der Anfang eines Textes, in dem es im vollständigen Original weiter heißt: »Höre, Israel ... du wirst in Häusern wohnen, die du nicht gebaut, und aus Brunnen trinken, die du nicht gegraben hast ...«

Ist Israel seinem Auftrag denn nun vielleicht untreu geworden, weil es hier dennoch immer mehr neue Gebäude selbst errichtet und die Altstadt an die Kanalisation anschließt, da die Trinkwasserbrunnen Suleimans des Prächtigen zwar wahre Kunstwerke, aber für die Versorgung der Bevölkerung völlig unzureichend geworden sind? Wahrscheinlich nicht. Das Rabbinat prüft alle Angelegenheiten von öffentlichem Belang.

Manche Wege erweisen sich als Sackgassen. Andere führen, ehe man sich's versieht, plötzlich nach oben über die Stadt, wo man Talmudschüler mit fliegenden Locken über die flachen Dächer zu ihrer Schule eilen oder einen Großvater mit seiner Tochter einen Kinderwagen schieben sieht.

Die Gassen zwischen den Häusern sind oft nämlich ebenfalls überdacht, ganz oder teilweise; oder sie sind schmale Schluchten von hier oben aus, über die da vorne eine kleine Brücke zu einer zypressenumstandenen alten Villa in der Höhe der dritten Etage führt. Wieder andere Wege führen treppauf, treppab unversehens unter Tage oder enden vor verschlossenen Toren zu verbotenen Räumen. Voll Hinterlist haben die Mamelucken zu ihrer Zeit sogar das Goldene Tor im Ostwall zugemauert, durch das einmal der letzte König der Juden in die Stadt geritten ist, da es das Tor ist, durch das – den Ahnungen der Jerusalemiter zufolge – der Messias an seinem Tag die Stadt wieder betreten wird, um den dritten Tempel zu errichten. Die Ungeduld auf diesen Tag hat sich in einem Teil der Bevölkerung allmählich weiter verbreitet, als es dem besonnenen Bürgermeister lieb sein kann.

»Ja, es stimmt«, gibt er Havanna kauend in seinem Büro an der Jaffa-Street zu, »es gibt leider eine immer größere Menge von Leuten in der Stadt, die daran glauben, daß jetzt die Zeit der Erlösung gekommen ist, daß der Messias bald kommen wird und daß man sich auf ihn vorbereiten muß. Auch von Christen haben wir hier – vor allem aus Amerika und Australien – Hunderte von Briefen erhalten, in denen uns geraten wird, wir sollten die Moscheen zerstören, da sie die Rückkehr des Messias aufhalten. Und dann sind da eben viele Leute, und das ist ganz schrecklich, die glauben, weil wir – die Juden – soviel gelitten haben, dürfen wir uns nun alles erlauben. Daß uns die Welt etwas schuldet. Wir schulden aber doch nur uns ganz allein etwas.«

Bilder Jerusalems aus allen Jahrhunderten hängen an der Wand seines schlichten Büros aus der britischen Mandatszeit, auch viele der alten Pergament-Karten, in denen die Stadt so lange in die Mitte der Welt eingetragen wurde, als Nabel der Erde. In seinem offenen Hemd, seiner souveränen Nachdenklichkeit, seinem Wiener Humor und der universalistischen Habsburger Vision, die er aus seiner Heimatstadt nach Jerusalem hinübergerettet hat, ist der schwere alte Mann ein klassischer Pionier des jungen Landes, großer Vertreter einer gerade Abschied nehmenden Generation. Umständlich entzündet Teddy Kollek seine Zigarre neu. »Ja, die Religionen, die in dieser Stadt zu Hause sind, waren alle in verschiedenen Zeiten nicht sehr tolerant, weder die Christen noch die Mohammedaner, noch die Juden. Und es stimmt auch, daß man selbst in der Bibel Sprüche zugunsten der Intoleranz finden kann. Dieses Buch beginnt aber damit, daß es sagt, der Mensch ist nach dem Abbild Gottes geschaffen worden. Es sagt nicht, die Juden sind nach dem Abbild Gottes geschaffen worden.«

Er blickt aus dem Fenster in die belebte Verkehrsstraße hinunter. »Man erzählt zwar, daß vor und nach dem Ersten Weltkrieg hier ideale Verhältnisse geherrscht haben sollen. Aber ich glaube das nicht. Ich glaube, jetzt ist die allerbeste Zeit Jerusalems. Und doch fürchten jetzt viele unserer Bürger, daß die Stadt langsam von der Orthodoxie übernommen werden könnte, wofür es ja, anhand der Zusiedlerzahlen, auch gewisse statistische Anzeichen gibt.«

Doch die Moscheen zerstören? Wer könnte so irre

denken? Durch das israelische Oberrabbinat ist jedem gläubigen Juden strengstens untersagt, den ehemaligen Tempelplatz vor der Al-Aksa-Moschee auch nur zu betreten, da er ja nach wie vor der Raum des ehemals unberührbaren Allerheiligsten ist. Die frühen Christen waren einmal ähnlich scheu. Über Jahrhunderte hinweg haben sie darum die Trümmer so liegengelassen, wie sie die Römer dort vom Tempel hinterlassen hatten. So blieb es den Muslimen unter Abd el Malik – hundert Jahre vor Karl dem Großen – vorbehalten, über Abrahams Berg des Glaubens von byzantinischen Architekten wieder eins der schönsten Gebäude der Welt errichten zu lassen, nicht als Moschee, denn die steht hundert Meter weiter südlich auf dem gleichen Platz, sondern als reines Heiligtum und glänzendes Siegel vom Siegeszug des Halbmonds.

Dieser Felsendom ist ein Bauwerk, das sich mit Worten nur preisen, aber nicht beschreiben läßt: als marmorne Symphonie, als Triumph ornamentaler Geometrie, als verklärte Mathematik. Wie Moses vor dem Dornbusch muß man die Schuhe ausziehen, wenn man es betreten will. Die Stelle aber, über die sich die goldene Kuppel in ihrer majestätischen Harmonie mit ihrem Zentrum wölbt, ist lediglich ein Stück Erde, der Gipfel eines Berges, ein nackter durchlöcherter Felsen, rein gar nichts.

Der zweite Berg des Lammes in der gleichen Stadt liegt nur zehn Steinwürfe von hier. Auch vor dem Golgota gibt es islamische Türwächter, auch dort spannt sich eine byzantinische Kuppel über ein mächtiges Oktogon, größer noch als über den Felsendom, obwohl sie kleiner wirkt. Die Kirche ist so groß, daß sie sogar den Kalvarienberg und das letzte Geschenk an den Hingerichteten aus Nazareth, das nahe Grab des Joseph von Arimathia, zugleich überdacht. Dieses Haus ist gleichsam ein Modell Jerusalems, ein Modell auch der Welt, oder eine Mineralisierung des Wortes, nach dem »das Haus des Vaters viele Wohnungen« hat – und leider, wie man hinzufügen muß, bis heute verzankte Mieter.

Um jede Säule und Fliese haben sich die ehrwürdig alten apostolischen Kirchen hier schon unter dem Kreuz gestritten, die Griechen des Jakobus, die Ägypter des Thomas, die Lateiner des Petrus oder die Äthiopier des Philippus, die nun oben auf dem Dach in Einzelzellen wie Tauben leben. Rein scheint hier nur der Gesang oder das Durcheinander dieses unendlich verschachtelten Baus. Um der Gerechtigkeit willen muß jedoch auch gesagt werden, daß hier immer aus Liebe gestritten wurde, zwar nicht zueinander, sondern zu dem, der einmal da war und nicht mehr hier ist. Jeder kann es sehen in dem kerzenknisternden Grab in der Mitte des Raums: Da ist nur ein leerer Stein, ein ummanteltes Nichts.

Wie die Muslime, denen Kirchen ohnehin fremd sind, besitzen auch die heutigen jüdischen Erben Jerusalems in ihrer Stadt keine einzige Kathedrale. Ihre Synagogen und Jeschivot sind Lehrhäuser, keine Opferstätten. Vom einzigen Opferplatz, den sie hier aber einmal hatten, ist ihnen nur noch ein Rest, weniger noch, ein Rest vom Fuß des Sockels geblieben: ein Teil der westlichen Stützmauer des Tempelplatzes. Das ist die Mauer, in die sie nun die heißesten ihrer murmelnden Gebete hineinwiegen, an der sie ihre Wangen wie an ihren Kindern reiben und ihre Tränen wie im Haar der Mutter trocknen. Zum Beginn jeden Sabbats, am Vorabend, reflektiert die riesige Wand das Licht des Tages wie ein Spiegel der Hoffnung durch die Dämmerung in die Nacht hinein. Der Platz davor ist schwarz von Menschen. In allen Sprachen summt und singt und plaudert es durch die Wärme, die vom Duft der teuersten Parfüms getränkt ist. Wie zu einer Hochzeit sind nun alle festlich geschmückt, und dennoch ist alles durch und durch unritualisiert, als gelte es, nur das nackte Dasein und Leben zu feiern und die Geschichte, deren immanentes Ziel diese Stunde ist. Wie ein Magnet zieht die Mauer die Menschen dabei zu sich heran. Man sollte meinen, da wäre ein kleines Tor, durch das sich da vorne alle drängen möchten. Doch da ist kein Tor, auch keine brennende Thorarolle, kein goldglühender Davidsstern, nur Steine und Ritzen sind da, sonst nichts.

Die Sicherheitsvorkehrungen sind am drastischsten an diesen heiligsten Stätten. Den vielen Waffen nach zu urteilen, sind sie die gefährlichsten Plätze der Stadt.

»Jerusalem tötet«, schrieb Selma Lagerlöf.

»All eure Propheten habt ihr umgebracht«, rief der Diakon Stephanus, bevor ihn seine Zuhörer vor einem ihrer Tore steinigten. »Es ist unmöglich, in Zion ein behagliches Leben zu führen«, schrieb Matthew Arnold im letzten Jahrhundert, mit Blick auf das himmlische wie das irdische Jerusalem. Doch bis heute läßt einen auch das ganz und gar irdische Jerusalem nur unruhig schlafen, oder gar nicht, und das nicht etwa des Lärmes wegen, den es hier in der Nacht fast nicht gibt. »Der Himmel ist hier höher als in anderen Ländern, die Sterne sind heller und die Luft kristallklar und süß wie Wein!« lese ich in der Nacht im Hotel. Ich lösche das Licht, öffne das Fenster und sehe: Ja, all das stimmt. Wie ein funkelndes dunkles Zelt spannt sich der Himmel über den Dächern. Diese Stadt macht Ungläubige gläubig und Gläubige ungläubig.

»Das ist dasselbe«, sagt der armenische Arzt im Queen's Café, »die Stadt erschüttert, sie ruft jeden in die Krise.«

Alle Entfernungen der Erde haben in ihren Mauern Platz, von Brooklyn bis Lublin, von Kairo bis Córdoba. Zeit, was ist sie hier? Zwischen jedem Sonnenauf- und Sonnenuntergang kreuzen und überschneiden sich über ihren Dächern die Mond- und die Sonnenjahre, der jüdische, der mohammedanische, der julianische und der gregorianische Kalender. Freitag, Samstag, Sonntag, hier sind sie die drei aufeinanderfolgenden wöchentlichen Festtage der Muslime, der Juden, der Christen: der Jaum-al-Dschuma, der Schabbat und der Sonntag, im ständigen öffentlichen Kontrast: drei Ruhetage für den Einen Herrn. Doch auch die Festtage innerhalb der Konfessionen sind hier selten gleichzeitig, man kann sie meist alle mehrmals hintereinander feiern.

Noch während die Stadt nach oben weiterwächst, sucht man unten ihre Wurzeln freizulegen. Wo immer es möglich ist (und fast immer ist es nur gegen viele Widerstände möglich), wird mit einem Eifer gegraben, als gelte es, die Gesetzestafeln des Moses wiederzufinden, um endlich den Vertrag vorweisen zu können, auf den diese Stadt gegründet ist. An allen Ecken und Enden kann man daher über Treppen zu den verlassenen Straßen der Hasmonäer oder Römer hinuntersteigen.

Dort aber, wo sich das wiederaufgebaute neue Viertel der Juden über das alte der Muslime schiebt, genau an der Grenze, sieht man plötzlich in Straßen der Erinnerung hinunter, die noch voller Leben sind – ewige Basare mit einem Gewühl von Käufern und Verkäufern, die nicht ahnen, daß sie von hier oben beobachtet werden. Hier befindet sich auch die Schnittstelle des neuesten explosiven Gegensatzes, den die Stadt beheimatet. Da nämlich seit 1967 viele Dollarmillionen in das makellos renovierte Viertel zwischen dem Dung- und dem Zions-Tor geflossen sind, sind in Jerusalem auf allerengstem Raum die Reichsten auch zu Nachbarn der Ärmsten geworden, die drüben zwischen dem Löwen- und dem Herodes-Tor Teile des kostbarsten Bodens der Erde bewohnen.

Die Entdeckungen hören nicht auf. Man braucht nur verschiedene Türen zu öffnen, um plötzlich wieder in einer anderen Welt zu stehen. Oben auf dem Berg der Himmelfahrt braucht es mitten aus der Musik des arabischen Dorfes heraus nur zwei Schritte an dem blinden Pförtner des russischen Klosters vorbei, um sich unversehens in einem pinienduftenden Paradies der Ruhe wiederzufinden.

Die Stadt ist immer und überall gleichzeitig. Es war zum Beispiel eine Revolution, als zum Schutz vor arabischen Überfällen die jüdischen Maurer, Handlanger und Hilfsarbeiter, die Jerusalem unter dem Statthalter Nehemia mit einer neuen Stadtmauer versahen, mit Lanze und Schwert bewaffnet wurden – gut vierhundert Jahre vor Christus. Einmalig blieb es nicht. Heute haben in der gleichen Stadt die Archäologen wieder eine Maschinenpistole neben sich und ihrem Spaten liegen, wenn sie die Reste eben jener selben Mauer aus dem Erdreich holen.

Dem 8. Elul im Jahr 70 begegnet man daher auf der einen Straßenseite und dem 7. Juni 1967 auf der anderen; kein Stein ist zwar auf dem anderen geblieben, aber dann ist die Stadt dennoch aus denselben Steinen immer wieder aufgebaut worden: Die Wurfgeschosse des letzten Krieges waren hier immer auch schon Bausteine des nächsten Friedens. So ist es ein einziges Seufzen und Atmen in jedem Stein, den man wendet, in jedem Granitblock und in den Spalten der Mauern, über die unter der Mittagssonne die Eidechsen huschen. Man spürt die Stadt mit den Füßen, sie ist ein felsiger Knoten aus Zeit und Raum, Geschichte und Gesellschaft. Das ist das Wesen Jerusalems.

Und was ist die Seele der schönsten unter den Städten? Ist es ihr Reichtum, ist es das Nichts? Ist es der Himmel, in dessen Licht sich hier das Tote, das Rote und das Mittelmeer spiegeln?

Oder sind es die Toten und ihre vielen Gräber? Denn Jerusalem ist ja nicht nur über Bergen von Erschlagenen erbaut worden, sondern auch ein bevorzugter Friedhof der ganzen Welt, auf dem die gerade Lebenden nur immer eine winzige Minderheit der Gesamtgemeinde Jerusalems stellen. Die Sehnsucht, hier zu sterben und begraben zu werden – Sehnsucht besonders von Menschen, die nicht hier geboren wurden –, scheint sogar immer auch eine besondere Gefahr für das Leben der Jerusalemiter gewesen zu sein.

Die Westhänge des Ölbergs im Tal Josaphat, in dem die Auferstehung ihren Anfang nehmen soll, ist jedenfalls längst zu einem wahren Weinberg der Toten geworden, auf dem die Gräber schon jetzt mehr Sonne als alle Häuser der Stadt abbekommen. Dicht an dicht liegen sie hier nebeneinander, die Gräber der Propheten und die Gräber der letzten Gefallenen, die einen wie die anderen ohne Gräser, ohne Büsche, nur aus Stein, die selbst als Schmuck wieder nur Steine haben: Kiesel, die man anstelle von Blumen auf die Grabplatten legt.

Doch ich glaub nicht an die Toten Jerusalems. Eher, denke ich, findet man im Wind etwas von der Seele dieser Stadt. In diesem Wind, der hier durch alle Kutten, Bärte, Schleier und Kefijahs weht. Diesem Wind, der schon den Schweiß Abrahams getrocknet und den letzten Schrei Jesu von hier aus mit sich fortgetragen hat. Denn er war schon immer hier; vor zweitausend Jahren hat ihn schon Flavius Josephus genau beschrieben, und jetzt ist er immer noch pünktlich da, jeden Nachmittag, immer wieder. Wie heißt er? »Hâu'a«, Wind, sagt ein arabischer Hirte darauf nur. Aber er sagt es so rauh, daß es klingt, als würde in dem Wort noch etwas von der »Ruach« mitwehen, von dem Atem Jahwes, der da drüben über die Seherinnen und Propheten fiel.

Es ist Abend geworden. Mit einemmal ist der Wind von einer kühlenden Erleichterung zu einem Sturmwind angewachsen, der hier oben auf dem Ölberg mit aller Kraft an Hemd, Jacke und Hose zerrt. Hier etwa muß auch David gestanden haben, der »Liebling« Gottes, als er auf der Flucht zurückschaute auf die Stadt, die ihm Abschalom, sein eigener Sohn, im Alter entrissen hatte. In seinen besten Mannesjahren hatte er selbst einmal heimlich die Frau seines Freundes entehrt. Jetzt mußte er von hier oben aus auf das Dach seines Palastes in der Davidstadt sehen, wo Abschalom gerade eine nach der anderen seiner – seines Vaters! – Lieblingsfrauen vergewaltigte: nicht heimlich, sondern ganz öffentlich, vor allem aber für seine Augen, für den Blick des alten Königs.

Rasch wird es kühl, dann kalt. Im Nu hat es die Schaulustigen, die üblicherweise von hier aus den Sonnenuntergang über Jerusalem betrachten wollen, wieder in ihre Hotels zurückgetrieben. Da hinten, im Südwesten, kann man Bethlehem im Dunst von einem der Täler erahnen. Vom Garten Gethsemane her will das Klagelied einiger Raben kein Ende nehmen, hart, hadernd und ungeheuer laut. Alle anderen Geräusche aus der Stadt des Buchs der Bücher zerreißt der fauchende Wind über dem Kidrontal bis hierher mitten in der Luft. Zu leisen Fetzen zerweht er die Rufe der Muezzins von den Minaretten und läßt nur klingelnde Scherben von dem atemlos bimmelnden Geläute der russisch-orthodoxen Maria-Magdalenen-Kirche übrig. Quer durch das Gräberfeld wird unten eine Ziegenherde heimwärts geführt.

Die Dämmerung fällt schnell: Silbern schienen eben noch alle Steine, und nun haben sie einige Atemzüge lang die Töne gebleichten Gebeins, um schließlich – und urplötzlich, im Schein des letzten Abendrots – all ihre verborgenen Farben auf einmal in das endlose Blau der Nacht zu verstrahlen. Die Häuser und die Täler beginnen zu funkeln, Licht für Licht, als antworteten sie dem Gefunkel der Sterne darüber. Aber es sind gar keine Lichter. Es sind Diamanten und Brillanten. Denn jetzt sieht man es ganz klar: Jerusalem ist die schwere Krone der Städte und Stätten der Menschen. Wer kann sie tragen?

(1985)

2

Eine Vorstadt Jerusalems:
Bethlehem im Lande Juda

Bethlehem, nicht Jerusalem, ist die wahre Stadt Davids. Hier stammt er her. In Jerusalem starben nur immer die Besten von denen, die in Bethlehem geboren wurden. Nicht mehr als acht steinige Kilometer trennen das ungleiche Geschwisterpaar voneinander. Sie zehren daher vom gleichen Licht, sie sind aus dem gleichen Stein erbaut, den gleichen Winden ausgesetzt, und dennoch: Sie könnten nicht verschiedener sein. »Stadt des Friedens« nennt sich stolz die Stadt auf dem Berg, »Haus des Brotes« auf hebräisch bescheiden das Nest auf dem Hügel, dessen Panorama nicht der Rede wert ist.

Als »Haus des Fleisches« verstehen Bethlehem hingegen die Araber in ihrer Sprache, in einer wohl späteren Entwicklung der semitischen Sprachfamilie. Merkwürdige Bedeutungsverschiebung. So wunderbar natürlich, wie in unseren Ställen Heu und sogar Abfall täglich zu Fleisch verwandelt wird, ist in Bethlehem also aus Brot einmal Fleisch geworden. Das aber ist nur der Anfang und nicht das Ende der vielen Paradoxien dieser Vorstadt der Hauptstadt.

Denn das von David eroberte Jerusalem ist ein einziger Gegensatz zu der Landschaft, von der Bethlehem ein Teil ist. Es ist ein altes Treppenhaus am Rand der Wüste, ohne Zeit, immer unbedeutend. Schwach neben den Starken, klein neben dem Großen, ungeschützt neben dem Geschützten. Ein Bündel Kerzen in einem Sandbecken über unerhörten arabischen Gebeten.

Bethlehem liegt in der dritten und Jerusalem in der ersten Welt; Jerusalem gehört der ganzen Erde, Bethlehem nicht einmal sich selbst. Es ist ein Palästinenserdorf in den Bergen Judas, besetztes Territorium der Westbank, so gut wie ohne jüdischen Bevölkerungsanteil. Wo andere auf eine große Geschichte zurückblicken, kann Bethlehem nur mit Episoden dienen. Es verdankt sein Schicksal nicht unserer Hand. Kein Mensch hat jemals geschworen »Nächstes Jahr in Bethlehem!«, keiner wünschte sich, daß ihm »die Hand verdorre«, wenn er diesen Flecken je vergäße – und dennoch entkommt der Ort nicht unserer Erinnerung. Den zahllosen Verheißungen über die Hauptstadt Israels und Palästinas entspricht nur ein einziger Satz des Propheten Micha über die Nachbarstadt im Süden: »Du, Ephrata-Bethlehem, bist das kleinste unter den Geschlechtern Judas.«

Knapp achthundert Jahre später erinnerte sich der Evangelist Matthäus an diesen Satz allerdings so: »Du, Bethlehem, bist keineswegs die geringste unter den Städten Judas.« Doch beide meinen das gleiche. Denn seit Bethlehem ist das Geringste nicht mehr das Geringste.

Damals – in jener Nacht, als hier nach den Evangelien verzückte Hirten über die Felder hasteten und Sterndeuter ein merkwürdiges Funkeln über dem Himmel Bethlehems wahrnahmen – war Herodes der Große der Größte in diesem Land. Vom Tempel beispielsweise hatte er erbauen lassen, was davon heute noch zu sehen ist. Ist er ein Kindermörder gewesen? Das läßt sich so nicht mehr überprüfen. Glaubwürdige Berichte jener Zeit schildern ihn allerdings als ein Mysterium der Bosheit und sein Haus als ein Irrenhaus. Er litt hochgradig an Verfolgungswahn und gleichzeitig an vielen tatsächlichen Todfeinden. Nach der Frau und zwei Söhnen ließ er deshalb einen dritten Sohn noch fünf Tage vor dem Tag hinrichten, an dem ihn selbst die »schwarze Galle« hinwegraffte. Er wußte, daß er nicht betrauert werden würde. Da ihm aber gerade an einer würdigen Totenklage viel gelegen war, befahl er noch in seinen letzten Zügen, alle Vornehmen des Volkes festzunehmen, in Jerusalems Rennbahn einzusperren und unmittelbar nach seinem königlichen Hinscheiden abzuschlachten. Wenn er die Liebe seiner undankbaren Untertanen schon nicht kaufen konnte, wollte er ihnen zumindest ihr Klagen und Trauern stehlen. Die uns bekannten Kindermörder wirken nach diesem Zeugnis jedenfalls wie Chorknaben gegen diesen Mann.

Ein anderes verläßliches Zeugnis über Herodes ist jener Berg da vorne, gleich unmittelbar hinter Bethlehem: Herodion mit Namen. Denn dieser Berg ist überhaupt kein Berg. Es ist eine künstliche Pyramide, eine Zwingburg, Zeugnis für die Einsamkeit der Macht und eine felsige Drohung, die er gegen aufrührerisches Getuschel im Basar Bethlehems und in denen der anderen Karawansereien ringsumher hatte errichten lassen In seinem Gipfel ist eine tückische Festung eingelassen und versteckt und irgendwo darin das immer noch nicht entdeckte Grab des Herodes. Es ist ein erloschener Vulkan der Gewalt, der seinen beängstigenden Schatten noch immer weit in das Land hineinwirft.

Diese Gewalt war Herodes von den Römern verliehen worden. Denn Augustus war damals der Allergrößte, er war der wahre Stern am Himmel der Mächte, Friedensfürst und Friedenskaiser. Dazu war er der erste Römer, der sich wie ein Gott verehren ließ. Es gab keinen mehr, der es ihm hätte verwehren, keinen, der ihm die Allmacht hätte entreißen können, mit der er sich selbst geschmückt hatte. »Der Erhabene« hatte sie alle umgebracht. Es herrschte Friede.

Etwa dreihundert Jahre später aber traten Anhänger eines zu seiner Zeit übersehenen Bethlehemiters auch in Rom die Nachfolge der Herrschaft eben dieses Augustus über den ganzen Erdkreis an. Herodes hatte mit all seinen Morden immer nur die Falschen getroffen.

Die Kreuzfahrer, die tausend Jahre später hierhin kamen, haben außer ihrem Blut den Bethlehemiterinnen immerhin auch noch die schöne Tracht der mittelalterlichen Frauen Deutschlands und Frankreichs zurückgelassen, die in diesem Dorf bis auf den heutigen Tag getragen wird. Unter Tankred hatten sie das Städtchen mit hundert Reitern im Vorbeimarsch erobert: im Handumdrehen. In angedenkender Rücksicht auf die Dornenkrönung in Jerusalem ließen sich die späteren Könige des Kreuzritterreiches sogar hier und nicht in der Hauptstadt salben und krönen. Dennoch wurde das Schicksal Bethlehems, bis auf geringe Ausnahmen, immer in Jerusalem entschieden. Die Klagemauer hat deshalb auch viele Stürme von dem Gebirgsdorf ferngehalten.

Es liegt gleichsam einen Schritt neben den Heerstraßen derer, die immer Geschichte machten. Sogar die Perser haben es zu ihrer Zeit verschont, weil sie aus den Mosaiken der persisch gekleideten Magier, die sie hier vorfanden, schlossen, daß ihre Vorfahren in Bethlehem besonders verehrt würden. Auch heute könnte man noch annehmen, die Bewohner huldigten einem Sternenkult. Es bleibt leicht, sich in Bethlehem zu täuschen. Es verbirgt sich.

Unterdrückt wurden die Bethlehemiter jahrhundertelang, doch große Schlachten haben sie nie geschlagen, nie ist in ihren Räumen ein Umsturz geplant worden. Vielleicht waren sie dazu zu klug, sie sind jedenfalls sehr, sehr vorsichtig. Seit dem Anfang der Zeiten scheinen sie sich am liebsten in die Melodie eines Wiegenliedes zu hüllen, nicht sehr aufregend.

So scheint unter den wechselnden Herren hier alles immerzu gleich geblieben: das Brot, die Höhlen, die Gewölbe, der Blick in die Ferne aus dem Fenster, die Kinder – Bethlehem gleicht einer Magd, die immerzu nur einer einzigen gleichen Geschichte gedient hat, nicht unserer Geschichte, sondern der Zeit jenseits der Zeitungen, der Geschichte einer langen Weile. Dem Herrn dieser Geschichte ist hier – so glaubt es die Hälfte der Bewohner der Stadt und sagt es seit Generationen den Kindern weiter – in Bethlehem ein Sohn geboren worden: Gottes Sohn. In diesem Städtchen ist Gott Jude und Mensch geworden. Am Ostrand des Krippenplatzes wird darum bis auf den heutigen Tag das Haus dieser einmaligen Geburt wie eine Frau verehrt und umworben und eifersüchtig umkämpft. Der »berühmteste Stall der Welt«, die innerste Kammer Bethlehems, ist ein Haus des Streites, von meterstarken Mauern umschlossen.

Nicht Juden, Muslime und Christen streiten sich freilich um diesen Raum, sondern nur Christen und Christen, die tatsächlich wie eifersüchtige Liebhaber um die Gunst und den Besitz derjenigen buhlen, die sich doch allen Völkern versprochen hat; nicht einmal über die Reinigung, geschweige denn über den Schmuck der hilflosen Schönheit können sie sich deshalb einigen.

Streit um Steine, ein Stern über Fleisch, Brot, und Blut, das ist Bethlehem also vor allem. Doch »Ephrata« ist der erste und älteste Name des Ortes: »die Fruchtbare«, vor deren Haustür in Sichtweite die große Dürre beginnt. Denn Bethlehem liegt am Ende der Welt, unmittelbar vor dem Abgrund jener riesigen Senke, in der die Judäische Wüste tief zum Toten Meer hin abfällt, so, als drohe die Erde dort in zwei Teile auseinanderzubrechen. Erst in der Ferne, in den blauen Bergen Moabs hinter dem Salzmeer, gewinnt dahinter der Erdball sein Niveau wieder zurück.

Exakt durch Bethlehem verläuft deshalb die Wasserscheide zwischen Abend- und Morgenland, auf dem gleichen Hügelrücken wie Jerusalem. Hunderte von Mauern halten den Boden unterhalb des Dorfes in tausendjährigen Terrassen zusammen, mit Wällen unbehauener Steine. Ein Gazellenrudel springt scheu die großen Stufen hinunter. Es ist ungeheuer steinig, die Landschaft voller Höhlen. Diese natürlichsten Behausungen waren es wohl, die die Menschen seit Anbeginn hierhin zur Besiedlung eingeladen haben.

Auf einer Nebenstraße stehen verrostete Kühlschränke und Autobusse unmittelbar neben der Böschung geparkt, in einer kilometerlangen wilden Müllhalde. Autoreifen brennen mitten auf dem Pflaster, eine pechschwarze Rußwolke türmt sich über diesem Garten hoch. Auf dem distelbewachsenen Feld der Hirten stecke ich mir einen geborstenen schönen Stein in die Tasche. Wenn einer, dann muß er schon einmal die Engel singen gehört haben.

Wie aber gelangt man in die Stadt? Wie kommt man heute nach Bethlehem?

Zwei Wege sind es wohl vor allen anderen, die auch heute noch hierhin führen: zwei Wege, die sich allerdings immer wieder kreuzen. Der eine, längere, der »Weg der Magier«, führt vom Zionsberg in Jerusalem in einem zweistündigen Fußweg ans Ziel, der andere, kürzere, ist ein viertausendjähriger Leidensweg durch die Bergwelt der Bibel und schnell erzählt. Eine Karawane hastet gerade auf ihm entlang. Bei der hochschwangeren Lieblingsfrau des Scheichs setzen plötzlich die Wehen ein, gefolgt von einer mörderischen Geburt.

»Schmerzenskind« soll der Sohn nach dem Letzten Willen der Mutter heißen. »Glückskind« nennt der Vater dann aber doch seinen letzten Stammhalter. Mit dem letzten Kreischen dieser Kreißenden und dem ersten Schrei Benjamins taucht Bethlehem zum erstenmal aus dem Dunkel der Bibel vor uns auf, zweihundertundvierzig Seiten vor der Erwähnung Jerusalems. Und »Jakob begrub Rachel an der Straße nach Bethlehem und errichtete über ihrem Grab einen Stein, der noch heute als Grabmal Rachels gezeigt wird«. Natürlich bis heute, obwohl diese Geschichte vor fast dreitausend Jahren erzählt worden ist. Obwohl wir deshalb auch nicht wissen können, was hier zuerst da war: das Grab oder die Geschichte. Das Grab der jüdischen Matriarchin liegt jedenfalls am Ortseingang rechts an der Straße von Jerusalem, kurz vor der Abzweigung nach Hebron, schwer bewacht, inmitten eines muslimischen Friedhofs. Jüdinnen sitzen im Innern vor dem Schrein und bedecken den Samtvorhang mit ihren Küssen.

Ein Priester aus dem vornehmen Stamm Levi, der uns aus der Stadt entgegenkommt, führt uns ein Stück Wegs zurück. Er hat aus Bethlehem seine fortgelaufene Nebenfrau zurückgeholt. In Gibea, im Stammland der Benjaminiter nördlich von Jerusalem, wo er auf dem Heimweg übernachten möchte, findet er keine Herberge. Statt dessen wollen die Männer des Dorfes ihm selber beiwohnen; das Glückskind Benjamin hat sich inzwischen zu einem Sorgenkind der Stämme Israels entwickelt. Erst als der fromme Mann den Verbrechern seine Frau anbietet, um die Entweihung seiner heiligen Person zu verhindern, lassen sie von ihm ab.

Und »sie erkannten sie«, fährt der Chronist an dieser Stelle fort, und vergewaltigten die schöne Bethlehemiterin die ganze Nacht hindurch, bis zum Morgengrauen. Am hellen Morgen liegt sie zusammengebrochen vor dem Haus des Leviten, mit den ausgestreckten Händen auf der Türschwelle. Sie antwortet nicht mehr. Da packt ihr Mann sie, lädt sie auf den Esel, reitet nach Hause, ergreift ein Messer und zerteilt den Körper der Geschändeten in zwölf Teile, die er unverzüglich an alle Stämme Israels verschickt, zum Zeichen der Schande: als Aufruf zur Rache. Innerhalb weniger Monate wird der Stamm Benjamin danach von dem Aufgebot seiner Bruderstämme bis auf einen winzigen Rest ausgelöscht. Diesem Rest entstammt der spätere erste König der Juden. Gibea ist später die Heimatstadt Sauls. Die Stadt des namenlosen Opfers aber wird zur Heimat des zweiten Königs der Juden: Davids.

Doch dazu bedarf es erst noch einer weiteren Not, zwei weiterer Frauen und einer unmöglichen Liebe: der Liebe einer Schwiegertochter zu ihrer Schwiegermutter. Als es im Haus des Brotes wieder einmal nichts zu backen gibt, wandert ein Mann mit seiner Frau und seinen beiden Söhnen in ein damals grünes Land aus, nach Moab, hinüber in das heutige Jordanien. Dort stirbt der Mann. Die Söhne heiraten und sterben ebenfalls. Da will Naomi, die Frau des Mannes, wieder aus der Fremde nach Bethlehem zurück.

Ruth, ihre Schwiegertochter, ist durch nichts abzuhalten, sie nun ihrerseits ins fremde Elend zu begleiten. »Wohin du gehst, dahin gehe auch ich. Dein Volk ist mein Volk, und dein Gott ist mein Gott. Nur der Tod wird mich von dir scheiden«, sagte die junge Witwe hartnäckig zu der alten, obwohl sie als Fremde im Lande Juda, dessen Volk ja keineswegs das ihre ist, mit einer Wiederheirat – und also einer angemessenen Altersversorgung – nicht mehr rechnen darf. Mit weiblicher List lenkt deshalb Naomi in Bethlehem nach ihrer Heimkehr die Aufmerksamkeit Boas', eines dortigen Grundbesitzers, auf Ruth, der die Palästinenserin schließlich als »Löser« zur Frau nimmt. Alle werden glücklich.

Vielleicht ist die Erzählung eine Legende. Der Urenkel Ruths aber ist über allen Zweifel legendäre Wirklichkeit. Denn ihr Sohn »Obed zeugte Isai, und Isai zeugte David«, den historischen »Liebling« Gottes und der Menschen. So wurde das kleine Bethlehem zur Stadt Davids, des guten Hirten, der den schwermütigen Saul als König ablöste. Das starke Jerusalem, die Stadt der unbeschnittenen Jebusiter, hat David in seinen Mannesjahren nur erstmals für das Haus Jakob erobert.

Der »Weg der Magier« verläßt dagegen weniger poetisch, fast schnurgerade das Industrieviertel Jerusalems. Die Straße ist anfangs vierspurig und wird weiter ausgebaut. Autobusse, Lastkraftwagen, Abschleppwagen, Taxis und Privatwagen liefern sich gegenseitig Hupkonzerte mit Reifenquietschen. »Bet Lehem« steht hinter einer Ampel auf einem verstaubten grünen Straßenschild.

Millionen haben diese Richtung genommen, Menschen aller Art, nur Jesus von Nazareth nicht. Von ihm gibt es jedenfalls kein Zeugnis, daß er Bethlehem jemals als Erwachsener aufgesucht hat. Kritische Theologen glauben deshalb nicht mehr so recht an Bethlehem und haben inzwischen viele gute Gründe zusammengetragen, die nahelegen, daß der Ort nicht real, sondern eher zeichenhaft zu verstehen ist, da der Messias von alters her eben als Davidide erwartet wurde. Doch gute Gründe allein taugen wenig in dieser Landschaft aus Legenden, in der Geschichte so oft schon Geschichten gemacht und bloße Worte über das Schicksal von Generationen entschieden haben.

Hinter der Stadtgrenze Jerusalems wird die Straße enger, bei gleichem Verkehrsaufkommen. Plattgefahrene Cola-Dosen säumen den Weg. Eine Abfallgrube auf der rechten Seite wird von einem Steinbruch abgelöst. Allmählich geht die Stadtrandlandschaft in Olivenbaumhaine über. Der Wind jagt silberne Schauer durch die Baumkronen. Hier und da steht eine Ruine in den Plantagen. Ein wenig abseits erinnert ein Denkmal aus Schrott an das jüngste Blut, das diese Felder gedüngt hat.

Ein viereckiger alter Klosterblock zur Linken markiert die Hälfte des Weges, gleichzeitig die letzte Paßhöhe: den ersten Blick auf Bethlehem. Und da liegt es plötzlich, da drüben, da hinten, dieser Flecken muß es sein: eine nach Osten vorgeschobene besiedelte Felsnase. Zwischen den Häusern sind ein paar Türme zu erkennen. Das Ganze hat keine rechte Form, die Ränder des Dorfes zerfransen in der Hügellandschaft. Bethlehem will keine Skyline oder eine sonstwie einprägsame Silhouette hergeben. Man sucht vergeblich nach einem markanten Punkt, nach einem unvergeßlichen Profil.

Eine halbe Stunde später begrüßt uns der Ort

dann zuerst mit einem schwerbewaffneten Militärposten, dann mit der Anmut einer aufgegebenen Tankstelle. »Visit the Star Hotel«, lädt ein selbstgemaltes Blechschild am Straßenrand mögliche Herbergssuchende ein. Die Stadt hat keine Tore und Mauern, nicht einmal einen richtigen Eingang. Alle Mauern, mit denen sie sich immer wieder einmal zu schützen suchte, sind wieder abgerissen worden. Jetzt häufen sich plötzlich nur ein paar Läden links und rechts, offene Schreinereien und Autowerkstätten, während sich die Straße endlos an dem Hügel hinzuschlängeln scheint, der Bethlehem heißt. Zieht sich die Stadt um so mehr zurück, je näher man ihr kommt? – »Es gibt keinen uninspirierenderen Platz als Bethlehem«, hatte uns ein gottloser Mönch in Jerusalem gewarnt. Jetzt scheint er vor allem unberührbar.

Die Straßen nach oben führen in den ältesten Teil der steinzeitalten Siedlung. Man nimmt es kaum wahr. Denn dort gleichen alle Häuser einander, die Tradition hat hier die Zeiten verbunden; so sind sie alle einfach und alt, und es läßt sich kaum ausmachen, wessen Fundamente am tiefsten in der Geschichte hinunterreichen, bis in die Zeit der Zeitenwende hinab und noch tiefer. Etwas nur Gegenwärtiges, Schläfriges umfängt alle Straßen und Winkel. Jetzt, im Herbst, scheinen die Bethlehemiter mehr an der Ölernte interessiert als an allem anderen. Die Ernte war diesmal besonders gut. Pausenlos drehen sich die offenen schweren Ölmühlen am Rand des Hügels. Die Ölmüller in ihren langen Schürzen und mit zusammengeknoteten Kopftüchern sind die momentanen Gladiatoren unter den vielen Arbeitslosen Bethlehems. Zwei

Ölzweige, eine Ähre und ein Stern bilden das Wappen der Stadt.

Radiomusik mischt sich mit dem Holzkohlengeruch aus Kebab-Küchen. Die Zärtlichkeit der Sängerin Fairuz liegt wie ein Schleier über der Stadt. Wie ein Geist aus der Flasche entströmt ihr monotoner Gesang den vielen Friseurläden, die überall Hochbetrieb haben. An einer Treppe wirbt ein Doktor Bannurah mit seiner Ausbildung »from German Universities«, in Nachbarschaft zu rußgeschwärzten leeren Schmieden. Händler sitzen in ihren Läden wie in einem großen Wandschrank zwischen den Säcken. Esel stehen in Innenhöfen, als bände sie keiner mehr los. Das »King David«-Kino liegt oberhalb der Stadt am Davidsbrunnen. Es gleicht einer großen neuen Turnhalle und hat kein Programmproblem: »Jesus« läuft hier wohl bis in alle Ewigkeit, notiere ich mir. (Ein Jahr später schreibt mir ein Freund, das Kino sei bis auf die Grundmauern abgebrannt, das Land in Aufruhr, es regne Steine.)

Bethlehem. Alle Straßen lassen schon an ihren natürlichen Führungen ihr Alter erkennen; sie durchziehen den Ort so organisch wie Gehirnwindungen. Wo mag David hier wohl geboren sein? In der Sternstraße? In der Straße Pauls VI.? In diesem Haus, das da gerade zerfällt? Allenthalben stößt man auf Blindenheime, Witwenheime, Waisenhäuser, Häuser für gefallene Mädchen, Behindertenwerkstätten und Besserungsanstalten, Hospitäler noch und noch. Fast scheint es, als hätte Bethlehem ganz allein ein Erbarmen mit den Armen und Ärmsten Palästinas.

Nach Ruth und Mirjam drehen wir uns allerdings

oft vergeblich um unter den viel gerühmten Schönheiten Bethlehems. Oder waren sie vielleicht gar nicht so schön, wie wir sie uns vorstellen? Haben sie vielleicht gehinkt und geschielt und trugen Plastiksandalen an den Füßen? Waren sie etwa dick? Dann haben wir sie oft gesehen. Wenn Ruth oder Mirjam aber schön und grünäugig war, dann schiebt sie heute ein Kaugummi im Mund hin und her. Joseph zu finden ist dagegen kein Problem. Yussuf trägt einen langen Rock bis zum Boden, eine jordanische Kefijah und eine japanische Digitaluhr. Trotz der vielen Friseure ist er selten frisch rasiert. Er sitzt ein wenig resigniert in den Gewölben, vor den verwitterten Toreingängen und Bogenschluchten, an denen wir vorbeiklettern. Denn Bethlehem ist ja ein Gebirgsdorf mit ständigem Treppauf und Treppab, ein Marktflecken Judäas auf einem steilen Felsen.

Mitten aus dem Dorf heraus sieht man deshalb immer wieder durch abfallende Gäßchen in die Wüste der Bergwelt hinein, wo der Wind in der Ferne Staubfahnen über den palästinensischen Flüchtlingslagern hochreißt, in denen seit Jahrzehnten die Erinnerung an die Gewalt nicht verblaßt, mit der hier in diesem Jahrhundert die Landkarte neu gezeichnet wurde. Ohnmacht und Agonie gehen in diesen Lagern immer mit Wut und Zorn schwanger: beängstigende Geschöpfe. Mitten aus der Enge heraus trägt einen ein Blick auf Zehenspitzen über eine Mauer hinweg in riesige Täler hinaus.

Darum ist Bethlehem aber auch ein beschwerliches Pflaster – besonders für die zahlreichen ganz natürlich Schwangeren, die Israels demographische

Bedrohung hier unter ihrem Herzen durch die Straßen tragen. Das palästinensische Volk wird immer größer, immer zahlreicher. Es wimmelt von Kindern. Schöne Gitter vor den Fenstern dienen wohl weniger dem Schutz, sondern dem Zweck, daß die Kleinen nicht aus den Häusern fallen, die da oben auf den Fensterbrettern herumkrabbeln. Ob Christen, ob Muslime, die Bethlehemiter scheinen sich doppelt so schnell zu vermehren wie die meisten jüdischen Familien der Hauptstadt.

Auch der Sabbat geht wie eine hochfliegende Wolke über diesen Platz hinweg, ohne jeden Tropfen, den er auf die Geburtsstadt herabregnet. Am Sabbat ist auf dem Markt Hochbetrieb und Hochgeschrei, ganz Samstag. Obst und Gemüse in allen Farben werden da neben Bergen gebrauchter Schuhe und Kleider angeboten. Es duftet stark nach frischen Zitrusfrüchten. Männer im Burnus spielen zu ihrem Mokka ein Brettspiel mit zerbrochenen bunten Plastiksteinen. Es ist ein Fest für die Fliegen und das Ende zahlreicher Hühner, die jeweils frisch für den Käufer geschlachtet werden. Den Hühnern werden die Köpfe nicht abgehackt, sondern die Hälse geschickt zurückgebogen und durchgeschnitten. Dann werden sie zappelnd von dem federübersäten Verkäufer in eine Tonne geworfen, bis ihre weitgespreizten Krallen schlaff werden. Die Kinder drehen sich nicht einmal um danach. Der Tod gehört mitten in ihr Leben – wie die Mündungen der Maschinenpistolen, in die sie allenthalben blicken. Denn Israel ist in Bethlehem zwar nicht mit einer eigenen jüdischen Bevölkerung, aber doch mit einer Bank, seinen Fremdenführern und mit seinen Soldaten vertreten, die sich, so hat es den Anschein, gegen eine Welle gefährlicher Zurückweisung stemmen.

Die Polizeistation am Nordrand des Krippenplatzes ist eine Festung der Besatzungsmacht. Auch die Geburtskirche gegenüber ist eine Festung, deren Türme tatsächlich zu den kleinsten der Stadt zählen. Der Krippenplatz davor ist so etwas wie eine Visitenkarte Betlehems, nicht gerade eine Piazza, sondern ein vollgestopfter viereckiger Parkplatz mit einem neuen Brunnen, um den sich eine kleine Bande ein paar Schekel als ungefragte Parkeinweiser verdient. Ein großer Taubstummer springt zwischen ihnen herum. Mitten auf dem Platz läßt ein Taxifahrer gerade neben dem Fahrzeug im Knien sein Wasser. Ein wenig orientalischen Charme hat der Platz immerhin noch bewahrt.

Am Westrand des Platzes werden wir in dem modernen Rathaus von Elias Freidsch zu einem Mokka eingeladen. Der kleine Bürgermeister ist ein griechisch-orthodoxer Araber, dessen Familie schon seit fünfhundert Jahren in der Stadt lebt: ein typischer Vertreter der altehrwürdigen Notabeln der palästinensischen Gesellschaft, vom Volk gewählt, doch ohne Rückhalt bei der Regierung, mit geheimen Verbindungen zum jordanischen Königshaus, doch mit wirklichem Rückhalt fast nur in der großen Familie, in einem komplizierten Gefüge orientalischer Nachbarschaft, gewandt, gebildet, nicht unvermögend und mit den feinsten Manieren. Seit Jahrzehnten schon hat er jede Veränderung der politischen Lage ganz rätselhaft in seinem Amt überlebt. Nicht wenige seiner Kollegen – in Hebron oder Nablus – sind in die-

48

sen gleichen Jahren von Unbekannten getötet oder zu Krüppeln geschossen worden. Natürlich spricht er zu seinem Arabisch fließend Englisch und Französisch, doch kein Hebräisch.

»Ich hatte leider nie Zeit, auch diese Sprache zu lernen. Ich wünschte, ich könnte es ...«

»Warum ist es so gefährlich, Bürgermeister in Judäa zu sein?«

»Es gibt kein Judäa, das hier ist die Westbank.«

»Warum ist es denn so gefährlich, Bürgermeister im Westjordanland zu sein?«

»Das ist einfach. Denn sehen Sie, die Bürgermeister hier sind gefangen zwischen der Bevölkerung und der Besatzungsmacht. Und wir werden mit Gewalt besetzt gehalten, das sieht ja jeder. Das ist auf die Dauer immer gefährlich. Gewalt ist aber keine Lösung, im Gegenteil, ebensowenig wie die zweihundert neuen jüdischen Siedlungen auf der Westbank. Von diesen Siedlungen wird hier kein Friede ausgehen. Israel wird sich aus allen besetzten Gebieten zurückziehen müssen. Dieses ganze Land muß sich verändern, die Politik muß es, Israel und wir haben überhaupt keine andere Wahl, als endlich jene Kunst der Realpolitik zu entdecken, die auch dem verfeindeten Europa nach so vielen Jahrhunderten schließlich Frieden verschafft hat: ohne Gewalt, ohne Besatzung, mit offenen Grenzen wie in den Beneluxländern.«

»Doch wer und was wird der Region denn endlich den Frieden bringen können: den uneinigen Israelis wie den gespaltenen Palästinensern?«

»Nur das Land selbst! Nur das Land kann hier alle

Menschen in Freiheit vereinen, sonst nichts. Es ist die Bestimmung der Araber und Israelis, von diesem Land nicht mehr loszukommen. Wir müssen hier gemeinsam leben. Die Philister waren schon vor den Hebräern hier. Unsere Geschichte ist mindestens so alt wie die der Juden.«

»Aber deutet gerade diese Geschichte dann nicht eher auf einen ewigen Krieg als auf eine endliche Versöhnung hin?«

»Es stimmt, unglücklicherweise ist dieser Kampf so alt wie die Kultur in diesem Land – bis wir zu unserem Glück endlich erkennen werden, daß keiner ohne den anderen hier leben wird und leben kann, ob wir es wollen oder nicht. Es ist unsere Aufgabe für die ganze Welt, gemeinsam zu beweisen, daß zwei verschiedene Völker in einem Land in Frieden zusammenleben können.«

»Und wie kommt es, daß dieses Land, das so oft gesegnet wurde wie kein anderes Land, immer wieder so verflucht aussieht?«

»Gerade weil es von Gott so gesegnet wurde. Dadurch ist das Land zu einem Juwel geworden. Zu allen Zeiten wurde es deshalb von allen Nationen mit ihrer Habgier verfolgt. Jede Nation will dieses Schmuckstück ganz allein für sich besitzen, das doch nur geteilt zu haben ist. Das ist das Geheimnis Palästinas.«

Nach dem Ruf des Muezzins draußen vor dem Fenster läuten verschiedene Glocken über der Karawanserei. Die Kirchtürme gleichen Minaretten. Über den Dächern konkurrieren der sechszackige Stern Israels – über der Polizeistation – mit dem fünfzackigen Stern Betlehems, dem Halbmond des Islam, dem Kreuz der Christenheit und zahllosen Fernsehantennen als Silhouetten in der rasch fallenden Dämmerung. Die Stadt ist stolz auf ihre Neonbeleuchtung, das Licht der Sterne hat es schwer in diesem Gefunkel, doch nach Einbruch der Dunkelheit fahren schon keine Busse mehr zurück nach Jerusalem. Die Kirchen schließen früh und bald auch das letzte Restaurant. Bethlehem ist kaum ein Dorf für einen Tag und keine Stadt für den Abend. Bethlehems Wesen liegt unter Tage: in der Nacht – ganz früh am Morgen.

Es dauert eine Weile, bis sich die Augen an das Dunkel der Basilika gewöhnt haben. In der Vorhalle riecht es hinter der verschlossenen kleinen Eingangspforte nach Hühnerstall – von den Hühnern und Truthähnen, die die Armenier rechts in dem Vorhof des angrenzenden Konvents halten, in dem sich ein Priester gerade den Kopf um den Ruf seiner ungeratenen Adoptivtochter zerbricht. Der Schatten eines Kätzchens springt durch das nächste Portal in den alten Hauptraum des palästinensischen Doms. Nun schlurft der griechische Glöckner nicht mehr durch die Halle, und der bizarre dicke Mönch verkauft zu dieser Stunde da hinten keine Kerzen mehr. Kein Wort der Reiseführer und Touristenscharen. Jetzt in der Nacht wächst dieses Haus wieder in seine alte Gestalt hinein.

Jetzt im Dunkel sieht man nicht, was ein deutscher Pilger hier schon vor fünfhundert Jahren beschrieb. Die Basilika sei »eine Scheune ohne Futter, eine Apotheke ohne Töpfe und eine Bibliothek ohne

Bücher«. Jetzt hält man nur den Atem an vor den dunklen Säulenreihen. Der schneeweiße Marmor, der hier einmal lag, ist täglich in Jerusalem im Felsendom zu bewundern, wohin er verschwand. Jetzt fehlt er hier nicht.

Die Säulen sind glatt wie Wachs; eine nach der anderen. Da vorne haben sich die Könige der Kreuzfahrer salben lassen. Rechts im Dunkeln sind die Konturen des Taufbeckens Kaiser Justinians zu erkennen: ein einziger, achteckiger Marmorblock, geborsten, mit einer vierblättrigen Blume als Wasserschale. Sonst sind die Seitenschiffe leer. Nichts stellt sich in den Weg, nichts läßt einen stolpern. Am Ende öffnet sich eine weitere Tür ins Querschiff zu den letzten zwanzig Schritten bis hin an die Stelle, wo sich der Boden trichterförmig an fünf halbkreisförmigen ausgetretenen Stufen zu einem kleinen Tor in einer Wand hinunter auftut, in einen kleinen Keller, in das Warme der Erde hinein. Hinter diesem Tor führt ein kleiner gebogener Treppengang noch tiefer in den Boden. Am Ende flackert ein kleines Licht.

Bethlehem wäre längst vergessen ohne dieses Licht. Es ist die Geburtsgrotte. Jetzt ist es ganz leer hier, ganz, ganz still, die Glühbirne an der Decke ist längst erloschen. Nur ab und zu ein winziges Knistern von den Öllampen am Kopfende des Raumes. Jetzt ist alles so ganz anders als am Tag.

Tagsüber ist der gleiche Raum ein Grab. Ein einziges Gedränge, ein Ort billigster Satiren. Eine Reisegruppe nach der anderen schiebt sich dann hier durch. Tagsüber kann man an fast jedem Sommertag erleben, wie hier amerikanische Touristinnen »Silent night, holy night« anstimmen, nicht nur zur Weihnachtszeit. Ein israelischer Reiseführer betreibt dann regelmäßig ein wenig Propaganda: »Volkszählungen sind seit je schwierig, müssen Sie wissen. Unsere Nomaden müssen wir beispielsweise immer mit Zuckersäcken zur Registrierung heranlocken. Und damals wurde eben, wer nicht kam, einfach einen Kopf kürzer gemacht. Sie sehen, so ändern sich zwar die Methoden, aber nicht die Schwierigkeiten.« Natürlich vergißt er zu erwähnen, daß der jüdische Aufstand gegen eine andere römische Volkszählung im Jahre 70 unter anderem das Judentum selbst bis heute den Kopf, den Tempel, gekostet hat.

Der Diebstahl des silbernen Sterns da vorne hat den Krimkrieg mit einhundertachtzehntausend Toten ausgelöst. »So, und nun haben Sie noch eine Minute Zeit zum Fotografieren oder für ein Gebet«, beendete gestern eine andere Führerin ihren Kurzvortrag auf französisch. Und dann knieten sich die Nachfahren der Kreuzfahrer hin: zum Fotografieren, und machten schnell der nächsten Gruppe Platz.

Tagsüber herrscht hier eine babylonische Sprachvielfalt. Viele von denen, die hierhin kommen, sehen spöttisch auf die anderen, die hierher kommen. Nur Juden und Muslime tun sich, wie es scheint, nicht schwer mit diesem Ort, an dem der Lokaltradition zufolge der Christus der Christen geboren wurde. Beschnittene Judenchristen sollen den Traditionsstrang dieses Ortes vom ersten bis ins vierte Jahrhundert weitergeflochten haben. Damals tanzten über dieser Grotte noch Adonisverehrer jedes Jahr, »wenn der Mohn rot leuchtete«, ihre frivolen Tänze

in jenem Hain, den die Römer eigens zur Schändung
des Heiligtums dort angelegt hatten. Jetzt ist es –
tagsüber – ein Geburtskanal des Glaubens. Es gibt
nichts zu sehen. Nur eng ist es hier, drückend,
schmerzhaft. Man kriegt kaum Luft, man erstickt hier
fast. Nur schnell weg, weg, raus aus diesem Loch!

Jetzt aber könnte man ewig hier auf einer Fels-
bank an der Seite sitzen bleiben. Ganz leicht. Der
Raum liegt wie ein Körper da. Als Arme führen vorne rechts und links zwei Treppen ins Dunkle hoch.
Der Kopf: eine kleine Marmornische um den silbernen Stern am Boden, beleuchtet von vierzehn Öllampen. Die Fliesen und Steine sind weich wie junge
Haut, glattgestreichelt. Hinten rechts eine winzige
Zisterne in der Ecke, es muß ein uralter Wohnraum
sein. Gewesen sein. Doch was ist es jetzt? Die Fels-
wände sind bekleidet. Ein golddurchwirktes Seiden-
gewand umgürtet wie ein geschürzter Rock die
Nische der Geburt. Es ist so ruhig, so wunderbar
ruhig in dieser Tiefe, so froh in dem Felsen, so friedlich in dem Gewölbe. Kein Autohupen, kein Hahnenschrei, kein Rufen und kein Flüstern, nur das
ruhige Klopfen des Herzens ist da. Die Rose im
Schnee hat da vorne geblüht. Unsere westliche Zivilisation lag als Saatkorn in dieser Ecke. Dort wurde
der letzte König der Juden geboren – gemäß dem
römischen Schuldspruch, nach dem der Gerechte
später getötet wurde.

Alle Weihnachtsbilder der Ostkirche stammen
hierher, auf denen der Erlöser nicht vom Himmel her-
abgeregnet kommt, sondern inmitten einer gebären-
den Erde und eines kreißenden Berges dargestellt

wird. Dort ist der Ort unserer Stunde Null, von der wir nicht wissen, wann sie war. Mit dieser Höhle wurde unser Planet erstmals als Mutterleib eines ungeheuren Embryos, einer werdenden neuen Welt, gedacht. Unser größtes Paradox hat auf weniger als einem Quadratmeter Platz: in einem leeren Raum. Eine junge Frau soll sich dort unter dem Ich-bin-der-ich-bin gekrümmt haben. Dieser Säugling hat uns gezwungen, nach unten und nicht zum Himmel zu blicken – auf die Erde, wie sie ist, und nicht mehr in das Universum des Ungewissen. In diesem Winkel hätten wir zu Realisten werden können. Dem »Unerreichbaren hat die Erde hier eine Höhle geboten«, sagen die Russen: Das Licht der Völker hat im Dunkel einer Gruft das Licht der Welt erblickt, als schutzloser Wurm, der »die Mächtigen vom Thron stürzt«. Wo? Dort?

Ja, wenn es hier war, dann war es dort. Es muß dort gewesen sein, im äußersten Osten, im hintersten Winkel dieser felsigen Bauchhöhle. Es ist die letzte Nische, in die sich eine Gebärende zurückziehen könnte – die Treppenarme links und rechts davor sind später aus dieser Höhle herausgegraben worden. Eine Katze würde genau dort gebären. Jede Kreatur. Aber war denn dort überhaupt Platz? Oh, ja. Man muß in die Mulde hineinkriechen, um ihre einzigartige Intimität zu begreifen. Sie ist etwa acht Handspannen breit. Es ist der natürlichste Platz der Welt. Die Ölleuchter ringsum machen diese Stelle auch heute noch zum wärmsten Platz der Höhle, die einmal so heiß vor Schweiß gewesen sein muß. Ölbespritzte alte Ikonen verkleiden die ausgebuchtete

Rückwand. Der Silberstern am Boden hat eine kreis-
runde kinderkopfgroße Öffnung. Die ihn geschmie-
det haben, wußten, wie eine Geburt aussieht.

Doch war es eine schwere Geburt? War sie leicht?
Wie verlief der Rhythmus der Wehen, wieviel Preß-
wehen waren nötig? Wieviel Licht gab es, als sich das
leise Wimmern und Stöhnen an den Wänden brach?
Die Tiere müssen die Erregung gespürt haben, sie
werden gewiß ganz still gehalten haben. Doch wer hat
dann die Nabelschnur abgetrennt? Joseph? Wie? Mit
einer Glasscherbe? Mit einem Messer? Und weiter?
Na ja: Sie wird geseufzt und gelächelt, der Kleine wird
erstmals leise geschrieen haben. Ein neues winziges
Atmen war in die Welt gekommen. Ein Wunder.
Gewiß hatte er die Augen offen: zu einem ersten
schielenden Blick. Er wurde nicht groß gewogen,
gemessen und gebadet, seine verklebten Haare wurden nicht abgeschrubbt. Weder Weihrauch noch
Lysoformin verfälschten hier damals den einzigartig
lieblichen Geruch eines Neugeborenen inmitten der
Ausdünstungen der Tiere, des Blakens einer Öllam-
pe und des warmen Geruchs nach Schweiß, Frucht-
wasser, Blut und Mutterkuchen. Jedoch »ganz Jerusalem erschrak« über diesen Duft, das Lächeln der
jungen Frau und den neuen Atem dieses nackten
Säuglings, sagen die Bücher.

Später wurde er – weil manche erzählten, seine
Mutter sei noch Jungfrau – von vielen Frommen im
Land »Bastard« genannt, seine Mutter nicht weniger
abschätzig: »Frauenhaarflechterin«. Andere sagten,
daß sich in jener Nacht die Erde für den aufgetan hat,
mit dem Israel seit Abraham als Hoffnung schwanger

gegangen war: für den neuen Adam, für den Löser, der eine Ausländerin aus ihrer Hoffnungslosigkeit befreit – wie der Bethlehemiter Boas die Moabiterin Ruth. Er wurde jedenfalls verstoßen und gefeiert, meistens gleichzeitig. Da aber eine weise jüdische Bestimmung sagt, daß unabhängig von der Vaterschaft Jude oder Jüdin ist, wer von einer jüdischen Mutter geboren wurde, ist unsere gesamte westliche Zivilisation hier einmal für immer als Jüdin zur Welt gekommen. Wir entstammen der Geschichte Israels, und dieser Höhle im Boden Palästinas. Wissentlich unwissentlich wird in der gleichen Grotte darum bis heute auch das Grab verehrt, in dem das Wissen darum verschüttet liegt, wer wir eigentlich sind: zahlreich wie die Sterne am Himmel, einzeln vaterlos, alle zusammen mutterlos.

Jetzt muß es draußen langsam dämmern. Der Friede hier unten erschöpft sich nicht, erst auf der Treppe spüre ich, wie sehr er mich erschöpft. Die Basilika spannt sich als dunkles Zelt über den Eingang zur Höhle. Die verschlossene enge Pforte öffnet sich heimlich ins Freie. Draußen zünde ich eine Zigarette an und ziehe abwechselnd in tiefen Zügen die kühle und die heiße Luft ein. Es ist immer noch Nacht, nur bei der Polizei ist schon Licht. Um den armenischen Konvent herum führt eine enge Straße den Hügel herunter, nach Osten hin, auf die Felder der Hirten zu. Eine Katze ist schon wieder auf den Beinen. Ein Flugzeug blinkt in der Höhe. Fern da hinten taucht eben ein erster Lichtstreifen über den jordanischen Bergen auf.

Alle mündlichen Zeugnisse sind sich einig darüber, wie trostlos dieses Dorf ist. Fast alle schriftlichen Berichte unserer Zeit preisen hingegen die Schönheit, den Charme und die Würde des Städtchens. Tatsächlich will hier nur das Unscheinbarste ausgehalten werden, das Unsichtbare. Es fällt uns sichtlich schwerer, an die Geburt als an den Tod zu glauben, an Bethlehem als an Jerusalem. Jeder Quadratmeter, jeder Stein Jerusalems erzählt eine eigene Geschichte, Bethlehem aber besteht aus kaum mehr als einem einzigen imaginären Punkt. Jerusalem verführt, die Stadt gibt sich vollständig hin, sie ist ein Freudenhaus der Sinne für die Völker, ein ständig lockendes Ende. In Bethlehem aber findet alles Werben kaum je eine Antwort. Manche halten das Nest darum sogar für einen poetischen Ort, für ein Bild der Anziehungskraft des Wortes, der Macht der Ohnmacht. Doch Bethlehem ist kein Symbol, sondern nur banal und konkret, nicht aufregender als eine streunende Katze im Morgengrauen, schläfrig wie eine Mutter nach der Geburt, ein neuer Anfang, an den keiner recht glauben will. Jerusalem ist alles, Bethlehem nichts. Es ist das Nichts, aus dem dieses Alles geworden ist: eine Mutter mit ihrem Kind, die nichts mehr voneinander wissen und wissen wollen, fremd gewordene nächste Verwandte, die ihr gemeinsames Erbteil plündern und verkommen lassen, die eine kleine verletzliche Erde.

(1986)

3

Jerusalems Judenviertel

Die Klagemauer ist eine Staumauer der Geschichte Israels. Wie die Helme von zwei Cherubim bewachen darüber die muselmanischen Kuppeln des Felsendoms links und der Al-Aksa-Moschee rechts den heiligsten Ort der Juden: den Tempelplatz Salomons. Die Muslime haben ihnen diesen Platz jedoch nicht entrissen. Das war Titus, der Römer, im Jahr 70.

Links da drüben auf dem Plateau, etwa in der Höhe der Palme, wo eine Brücke den Tempelplatz mit der damaligen Oberstadt verband, hielt der Imperator – schon im Feuerschein des Tempelbrandes – seine letzte Rede an die aufständischen Zeloten auf dieser Seite. »Auf was baut ihr eigentlich, ihr Unseligen? Seht, selbst die Germanen sind uns untertan! Ist euer Volk nicht tot, der Tempel dahin, mein die Stadt, in meiner Hand euer Leben? Werft also die Waffen weg, und ergebt euch!«

Simon und Johannes aber, die Anführer des Aufstandes, schrien dem Sieger nur hinüber, daß eine Unterwerfung nicht in Frage käme. Er solle ihnen freien Abzug in die Wüste gewähren. Dann würden sie ihm die Stadt überlassen, die er schon an allen Enden besetzt hielt. Als Antwort ließ Titus am nächsten Morgen die Stadt anzünden; kein einziger durfte sie mehr verlassen. Seitdem stehen die Töchter und Söhne des Hauses Jakob vor dieser Mauer, auch nach der Ausrufung Israels im Jahr 1948 und der Eroberung Ostjerusalems neunzehn Jahre später. Hier stehen sie nicht am, sondern vor dem Ziel ihrer uralten Sehnsucht, zwanzig Meter unterhalb ihres alten Tempelplatzes, den diese Mauer einmal zum Westen hin abstützte. Ihr Allerheiligstes ist für immer in muslimischer Hand.

Und wie die Geschichte staut sich auch das alte Judenviertel Jerusalems vor dieser Klagemauer. Das Viertel bedeckt nur knapp ein Sechstel des alten Stadtgebietes. Denn da Muslime die Stadt seit Christi Geburt am längsten beherrscht haben, ist ihr Viertel hier auch am größten: Es macht etwa die Hälfte der Fläche aus. Gleichwohl ist es aber gerade der früheren pragmatischen Toleranz der Muslime wohl zu verdanken, daß es außer in den rein jüdischen Gebieten Westjerusalems im ältesten östlichen Teil der Hauptstadt Israels heute überhaupt ein jüdisches Viertel gibt.

Denn als sich unter Bar Kochba, in dem Rabbi Akiba den Messias erkannt hatte, fünfundsechzig Jahre nach der Zerstörung der Hauptstadt Judas die Juden erneut zu einem letzten verzweifelten Kampf gegen Rom erhoben, schlug Hadrian den Aufstand schnell und brutal nieder und verbot danach jedem Juden für alle Zukunft, die Stadt auch nur zu betreten. So war es nicht eine deutsche oder polnische

Stadt, sondern ausgerechnet Jerusalem selbst, die wohl als erste in der Weltgeschichte als »judenfrei« erklärt werden konnte – wenn es auch erst der späteren Sprache und Tyrannei der deutschen Kammerjäger und Buchhalter bedurfte, dieses Wortmonstrum dafür zu verwenden.

Der neue Cäsar aber schändete damals den Tempelberg außerdem noch weithin sichtbar durch die Errichtung eines Jupitertempels und versiegelte gegenüber das leere Grab eines Gehenkten namens Jeschua aus Nazareth, an dem sich zu der Zeit eine neue jüdische Sekte sammelte, durch ein heidnisches Heiligtum der Venus. Erst Konstantin riß knapp zweihundert Jahre später beides wieder ab, und auf dem Platz des Venustempels ließ seine Mutter Helena nun sogar ein »neues Jerusalem« erbauen, eine prächtige Basilika nach der Maßgabe des einundzwanzigsten Kapitels der Apokalypse. Rom war christlich geworden. Am Verdikt gegen die Juden aber änderte Konstantin nicht viel. So mußten die verstreuten Israeliten bis zur Eroberung des byzantinischen Bischofssitzes durch die Streiter des Propheten warten, bis sie hier allmählich wieder eine orientalische »Mellah« einrichten konnten: ein Judenviertel in ihrer eigenen Stadt. Fast zwölfhundert Jahre lang dauerte die danach hier etablierte Kultur eines gespannten levantinischen Mit- und Nebeneinanders, das erst durch die zunehmenden Pogrome in Rußland und schließlich durch den europäischen Zionismus endgültig aus dem Gleichgewicht geriet.

Vor allem von diesem Ende legt dieses Viertel daher heute Zeugnis ab. Als nämlich der »Status quo«, der einmal als Begriff in dieser Stadt entstanden war, durch die Flüchtlinge vor dem Nazi-Terror hier so vollständig zerbrach, daß auch die Engländer ihr Heil nur noch im Abzug erblicken konnten, wurde in dem darauf folgenden Krieg 1948 kein Fleckchen Erde so erbittert umkämpft wie diese paar Hektar, die im Osten von der Klagemauer, im Westen von der Straße zur Davidspforte, im Norden von der Kettenstraße und im Süden von der Stadtmauer begrenzt werden. Gleich nach der israelischen Unabhängigkeitserklärung griff die englisch trainierte »Arabische Legion« mit aller Gewalt das Viertel an.

Es war ein gnadenloser Kampf. Als der Waffenstillstand den Krieg beendete, gab es das Judenviertel nur noch dem Namen nach. Die Einwohner waren getötet oder vertrieben, ihre Synagogen und Talmudschulen zerstört, zertrümmert oder verwüstet, die ganze Altstadt in jordanischer Hand. Kein Jude durfte mehr zur Mauer, um dort dem Herrn sein Leid zu klagen. Die jahrhundertelang nach Mosaischem Gesetz peinlich saubergehaltenen Häuser und Wohnungen wurden palästinensischen Flüchtlingen zugeteilt. Renoviert wurde nichts. Abfall und Schutt veränderten nach orientalischer Art in kürzester Zeit die Trümmer der Gassen und Plätze. Unkraut und Brennesseln wucherten aus den Fensterhöhlen.

Aus dieser Zeit stammen die später weltweit bekanntgewordenen Fotos, auf denen jüdische Grabsteine als Schotter zum Bau jordanischer Straßen verwendet wurden. Es waren Propagandafotos, gewiß. Aber es war eine Propaganda mit der Wirklichkeit.

Neunzehn Jahre später, im Sechstagekrieg, brachen die überlegenen israelischen Truppen jedenfalls mit einem ungeheuren Drang sofort zur Mauer durch.

Diesmal gab es zwar kein Massaker, aber die unmittelbare Räumung und die Vertreibung der nachgewachsenen Bewohner des ehemaligen Judenviertels waren eine Selbstverständlichkeit. Bulldozer räumten kurzerhand die vor der Klagemauer angesiedelten Hütten weg, und die besten Architekten Israels wurden beauftragt, die Lehren der jüngsten Geschichte für den Wiederaufbau des Viertels gestalterisch umzusetzen. Darum leben die Juden hier heute in einer hochmodernen Festung innerhalb der mittelalterlichen Mauern dieser explosiven Stadt, in der der starke Schutz mit raffinierter Eleganz und der harte Beton mit jenem typischen Sandstein verkleidet wurden, der seit 1927 allen Neubauten der Stadt durch ein oft gerühmtes britisches Dekret obligatorisch verordnet worden ist.

Der Wiederaufbau dieses Stadtteils war natürlich ein Prestigeobjekt, für das schon dem bloßen Augenschein nach Geldmittel aus aller Welt nahezu unbegrenzt zur Verfügung gestanden haben mochten. Die schwierigen und gegensätzlichen Aufgaben, die bei diesem Unternehmen zu bewältigen waren, wurden durchweg genial und luxuriös gelöst. So ist nach 1967 hier am Osthang des Zionsberges ein einziges und beispielloses Meisterstück entstanden, ein städtebauliches Gesamtkunstwerk, das allein schon durch die Farbe seines Steins zu erklären scheint, daß es hier immer stand, und durch die Dichte seiner Präsenz, daß es hier immer bleiben will. Es ist eine Kasbah des einundzwanzigsten auf Fundamenten des elften Jahrhunderts, die Sicherheit mit Schönheit und Schönheit mit Komfort verbindet.

Und weil hier auch sehr sensibel jeder übriggebliebene Winkel, der noch irgendwie zu erhalten war – mit Ausnahme der Reste der jordanischen Epoche –, in die Auferstehung des jüdischen Viertels integriert wurde, verfügt dieses Neubaugebiet nun an allen Ecken und Enden über ein fast überall sonst vergessenes, faszinierendes menschliches Maß, das einen auf Schritt und Tritt mit einer Atmosphäre der Zeitlosigkeit verzaubert. Die engen Grenzen der ruinierten Vorlage haben die Planer hier offensichtlich zu einer dienenden statt beherrschenden Kreativität beflügelt, die vorbildlos und ohnegleichen ist. Dazu kam, daß eine weitere kluge Verordnung der Stadtverwaltung – daß nämlich, wer in Jerusalem bauen will, zuerst graben muß – nirgendwo solche Früchte und Folgen zeitigen konnte wie hier, da eben nirgendwo so viel wie hier in den letzten Jahrzehnten gebaut worden ist. So entstand im neuen Judenviertel auch ein Kaleidoskop der Baugeschichte der Stadt, in dem die verschiedenen freigelegten Jahresringe Jerusalems allenthalben an den vielen Türschwellen, Fensterbögen und Arkaden zutage treten.

Von der Hursa-Synagoge beispielsweise standen nur noch die Säulen, um die dann ein bogenreicher Neubau wie ein Mantel gelegt wurde. Von dem vornehmsten Haus des Viertels, der Rambam-Synagoge des spanischen Rabbi Moshe ben Nachman aus dem dreizehnten Jahrhundert, war nur noch ein imposanter Bogen übriggeblieben, den man dann als mahnende Kulisse für ein neues Haus in den stabileren Teilen der Ruine einbezog. Denn es waren ja nicht Zeugnisse der Triumphe, sondern, im Gegenteil, immer wieder jahrhunderte- und jahrtausendealte Narben der vielen Niederlagen der jüdischen Geschichte, die sich hier zur Ausgrabung, Konservierung und Kultivierung anboten. So ist an einer Stelle ein »niedergebranntes Haus« aus der Schicksalsnacht des Titus ebenso zu besichtigen wie anderswo, inmitten eines Wohnkomplexes, ein Teil der freigelegten Fundamente geschleifter Stadtmauern, die bis heute noch vom Sieg des Imperators und dem Fluch der Vertreibung und Zerstreuung künden. Das Viertel ist ein bewohntes Monument steinerner Erinnerung. Dennoch herrscht nirgendwo in der Stadt eine solche Harmonie wie hier in der – allerdings vor allem eben mineralischen, leblosen – Verbindung von Alt und Neu.

Denn obwohl das kleine Viertel so intim wie ein großes Gebäude angelegt ist – in dem die Straßen Fluren und die Wohnungen Zimmern gleichen –, ist es doch merkwürdig still in diesem verschachtelten Ineinander der Höfe und Winkel, Nischen und Erker, Tunnelpassagen und Brücken und Treppen und Plätze. Es ist ein Basar ohne die Vibrationen eines Basars. Während sich das Leben der muslimischen und christlichen Gemeinden Jerusalems meist nach außen, auf die Straßen zu, abspielt und das Leben der Armenier nach innen, in das Innere der geschlossenen Gemeinde hinein, zieht sich das Leben im Judenviertel zum großen Teil ins innere Private der Häuser zurück. Während man sich also nur knapp fünf Minuten von hier in der König-Salomon-Straße vor dem Gedränge und Geschiebe manchmal kaum zu retten weiß, kann es hier geschehen, daß man sich in einem heimeligen Gäßchen plötzlich ganz allein und einsam wiederfindet. Dann wird einem auch auf einmal bewußt, daß viele Außenfenster Schießscharten und viele Dachzinnen Wehrgängen gleichen, daß man sich hier in einer ebenso perfekten wie prachtvollen Burganlage befindet. So wechselt man mit den Vierteln auch gleich die Kulturen – und durchmißt an der Kettenstraße gleichsam mit einem Schritt die Kluft zwischen Stille und Lärm, Sauberkeit und Schmutz, Über- und Unterentwicklung, Reichtum und Armut und Kühle und Wärme, um wenig zu sagen. Denn anders als der bauliche Hintergrund ließ sich die soziologische Substanz des Judenviertels natürlich nicht so ohne weiteres wiederherstellen.

Von einer gewachsenen sozialen Einheit – wie sie in den anderen Vierteln der Altstadt geradezu modell-typisch zu erleben und zu beobachten ist – kann hier daher nicht die Rede sein. Die Nachbarn kennen sich oft kaum. Viele Türen und Fenster sind fest verriegelt, da die Mieter zur Zeit nicht zu Hause sind. Denn offensichtlich braucht es außer viel Geld immer auch noch einigen Mut, sich hier auf Dauer nieder-zulassen, so daß es bis heute auch zweierlei geblieben ist, hier eine respektable Adresse oder einen Haupt-wohnsitz zu haben. Da die Wohnungsnot in Jerusalem im übrigen groß ist, könnten natürlich andere – boden-ständigere – Bevölkerungsschichten die strukturellen Defizite, die sich daraus ergeben, auffüllen helfen. Denn theoretisch darf auch an diesem Ort zunächst einmal jeder wohnen – sofern er nur den Militärdienst abgeleistet hat. Die Verfassung verbietet Diskriminierungen. Aus verständlichen Gründen sind allerdings die Palästinenser Israels vom Dienst in der israelischen Armee befreit. Alle planerische Liebe zum architektonischen Detail hat daher nicht verhindern können, daß das Judenviertel der jüdischen Hauptstadt auf eine eigentümliche Weise immer noch alles andere als selbstverständlich wirkt. Es ist ein schöner und brisanter Fremdkörper in der ureigenen Stadt der Juden.

Daher hört man hier auch fast kein Hebräisch in den Straßen oder Jiddisch und erst recht kaum Arabisch, sondern vor allem Englisch in verschiedenen amerikanischen Klangfarben. »Keine Angst, Amerika!« verspricht der israelische David auf dem Poster einer Boutique dem goliathgroßen Uncle Sam. »Wir stehen hinter dir!« Erst über den steil abfallenden Wegen zur Klagemauer hin verdichten sich dann allmählich auch wieder die traditionell jüdischen Sprachen in den Gesprächen. Neben einem der militärischen Wachtposten vor dem Sicherheitsbezirk der Klagemauer steht heute ein bärtiger Alter, der gewiß nicht in diesem Viertel wohnt, da er mit der Rezitation geeigneter Psalmverse die Spendierfreudigkeit der Passanten zu stimulieren versucht. Es scheint vergebens. Viele tun so, als verständen sie ihn nicht, und übersehen geflissentlich auch seine ausgestreckte Hand. Nur zwei Fromme aus Mea Schearim, deren wehende Gebetsmäntel schon ihr tieferes Schriftverständnis verraten, zeigen mehr Reaktion. »Amen! Amen!« antworten sie im Chor und gehen hastig weiter zur Mauer, um den günstigsten Moment zur Verrichtung des Abendgebetes nicht zu versäumen.

Gerade hinter dem Rücken des Alten befindet sich hier übrigens der repräsentative und hervorragende Eckstein des ganzen Viertels: ein riesiger Jeschiwa-Komplex, der sowohl von seinen relativen Ausmaßen wie auch seiner exponierten Lage und dem Raffinement seiner Baukunst her vor allem nur einen einzigen geballten und wortlosen Anspruch zu demonstrieren scheint. Unwillkürlich möchte man an einen »jüdischen Vatikan« denken. Anders als aus den Kammern der römischen Kurie summt es hier aber von morgens bis abends aus den Fenstern wie aus einem Bienenhaus auf die Gassen und Treppen hinaus. Selbst bis in die gegenüberliegende Ruine der Mutterkirche des längst vergangenen Templerordens flattern die nicht endenden Gebete und Gesänge der Thora-Schüler hinüber. Es ist, als sänge der Berg.

Oberhalb dieser Templerkirche hat man von der Terrasse einer koscheren und erstaunlich lieblosen Selbstbedienungscafeteria den vielleicht schönsten Blick auf die Klagemauer. Heute versucht das nervenstarke junge Elternpaar einer kinderreichen Einwandererfamilie dort gerade, seine Sprößlinge mit dem Geschmack von Humus und Gefillte Fisch vertraut zu machen. Der Versuch endet jedoch noch einmal bei Pommes mit Ketchup und Coca-Cola. Die Kleinen haben etwas Unregierbares.

Neben dem Lärm, den sie veranstalten, ist dennoch ein Gast aus Wisconsin mit einer Heiligland-Touristin aus Stuttgart ins Gespräch gekommen. »Was denken Sie von Mengele?« fragt er sie argwöhnisch. »Was soll mit ihm sein?« antwortet sie arglos. »Er ist tot. Man hat sein Grab gefunden. Er steht vor seinem letzten Richter.« »Ja?« Er sieht sie aus den Augenwinkeln an. »Denken Sie nicht – er war doch so ein genialer Doktor! –, daß er selbst die Knochen mit den entsprechenden Bruchstellen und mit allem, was dazu nötig war, zusammengesetzt und dann dort in den Sarg und die Grube gelegt hat ...?« Daran hat diese Studienrätin allerdings noch nicht gedacht, sie blickt ihm so entgeistert auf die spiegelnden Brillengläser, als könnte sie dort plötzlich Dr. Frankenstein sehen. Doch der Mann meint nicht Frankenstein. Anders auch als Dr. Mabuse ist Mengele hier nämlich tatsächlich schon längst unsterblich geworden: zu einer Figur verschmolzen mit dem teuflischen Holofernes und Haman, dem ewigen Widersacher des Volkes Gottes – der darum schon nicht sterben kann und wird, um immer wieder von neuem aus der rächenden Hand Israels die gerechten tödlichen Schläge empfangen zu können.

Was wird jedoch aus Jerusalem im nächsten Jahrtausend, wie wird das Judenviertel dann aussehen, und das Viertel der Muslime, der Christen, der Armenier? Die Einwohnerzahl der Christen Jerusalems zum Beispiel leidet seit vierzig Jahren chronisch an einer schmerzhaften Schwindsucht. Nicht, weil sie bedrückt würden. Die Luft ist ihnen einfach zu dick hier, es riecht zu brenzlig.

Darüber polarisieren sich leider auch mehr und mehr die Frontlinien Jerusalems. Wird die Mauer, deren Fundamente zwölf Quader tief in den Boden reichen und die jetzt noch so mühelos die Scharen der

Beter staut, auch dann noch der Flut der Geschichte standhalten können? Wird sie erhöht und verstärkt werden müssen? Mit bloßem Auge kann man von hier aus die verschiedenen Schichten erkennen, die bis jetzt schon dort im Lauf der Zeit über die gewaltigen Blöcke des Herodes angewachsen sind – über der einzigen Reliquie von Belang, die Israel von seiner Hochzeit mit dem Höchsten geblieben ist.

Was man nicht sehen kann, ist, daß der Geliebte Israels jedoch noch immer durch die Ritzen und Spalten der Mauer wie durch ein Fenster auf den zurückgekehrten Rest seines zerstreuten Volkes blickt. Was der Geist nicht fassen kann, kann man hier deshalb mit den Händen begreifen. Diese Steine bilden den Sockel der zweiten Säule des Judentums. Seit sie zerbrochen ist, blieb den gläubigen Juden nur noch als erste und einzige Säule das Gesetz, dessen Reinheitsgebote allein sie schon zu allen Zeiten von allen Völkern scheiden und jeden ihrer Assimilierungsversuche vor dem Zeitalter des Pluralismus zunichte machen mußten. Deshalb bot nur der Tempel, der sich einmal auf dem flachen Hügel hinter dieser Mauer erhob, das einzig wahre kulturelle Zuhause der Juden: das erste feste Haus des Unsichtbaren auf dieser Erde. Darum ist auch dieser Berg, der so niedrig ist, daß man ihn kaum noch als Bodenerhebung erkennt, bis heute »der höchste der Berge« der Juden geblieben. Unerreichbar hoch. Denn anders als die vielen Brände während der römischen Belagerung, die aus Wassermangel von der bürgerkriegsgeprüften Bevölkerung Jerusalems »mit Blut gelöscht« werden mußten, hat sich der letzte verzehrende Brand des

Titus bis heute als unlöschbar erwiesen. Er schwelt immer noch.

Zwar hört Flavius Josephus, der uns als Chronist von diesen Ereignissen berichtet, schon damals nicht auf, »die Ausdauer im Unglück« seiner Landsleute zu beklagen. Doch auch er konnte nicht ahnen, wie ausdauernd das Unglück noch werden würde, das in jener Nacht über die Geschichte der Juden hereingebrochen ist. Weil in der Zeit des erzwungenen Exils nämlich auch noch Mohammed – im Traum zwar, aber immerhin – ihren Tempelplatz besuchte, zögerte der Kalif Omar nicht, nur sechs Jahre nach dem Tod des Propheten den heiligsten Ort der Juden als krönendes Schmuckstück des Islam in Besitz zu nehmen. Seitdem ziert der Halbmond das Zentrum der Erde, das links da drüben, im Felsendom, zu besichtigen ist. Tatsächlich würde deshalb jeder Versuch, an diesen Besitzverhältnissen zu rütteln, die ganze Welt an genau jenem Punkt wohl aus den Angeln heben helfen.

Die verführerische Versuchung, eben diesen Versuch vielleicht dennoch eines günstigen Tages zu wagen, ist allerdings ebenfalls nirgendwo auf der Welt so stark wie hier im Judenviertel zu spüren. Auch daher entziehen sich die Aussichten Jerusalems nirgendwo so sehr wie hier dem Verstand, unmittelbar neben dem Sitz, wo dieses rätselhaft vertraute Du-und-Du der Juden mit Gott seinen Ursprung hat. Denn es ist ein Ton in diesem Schicksal, der sich nicht bestimmen läßt. Man kann ihm nur lauschen, im Singen des Zionsberges zum Beispiel oder im Schweigen der Wüste da hinten hinter dem Ölberg, auf dessen

Gipfel sich der Kirchturm der »schneller hörenden« Gebärerin aus Bethlehem wie ein Finger in den Himmel streckt – oder auch im Echo der folgenden Geschichte, die oben auf der Terrasse der Cafeteria ein junger Mann am Abend nach dem Hörensagen erzählt: In einer der Baracken von Auschwitz beschlossen seinerzeit die übriggebliebenen Mitglieder eines Rabbinatsgerichts, als Zeugen des Schreckens, der hier den Juden widerfuhr, nun deswegen Gott selbst den Prozeß zu machen. Im Morgengrauen wurde das Urteil verkündet: Wegen der ungeheuerlichen Unterlassungen, die er sich an seinen Kindern hat zuschulden kommen lassen, wird der Heilige, gelobt sei Er, mit sofortiger Wirkung aus ihrer Gemeinschaft ausgestoßen! – Draußen verstummte das Gebell der Hunde. Es war, als hielte der Kosmos den Atem an. »Kommt«, brach der Älteste dann schließlich seufzend das Schweigen, »jetzt gehen wir beten.«

(1986)

4

Vertrieben nach Zion:
Jerusalems Armenier

War ich nur einen Tag bei den Armeniern in Jerusalem? Oder zwei oder drei Tage, viermal oder fünfmal? Ich weiß es nicht mehr. Nur eine kleine Türe in einem großem Tor führt in meiner Erinnerung zu ihnen hinein, als Erinnerung an eine Erinnerung.

Denn das Viertel der Töchter und Söhne Noahs in Jerusalem ist der verschlossenste und schönste Ort der Heiligen Stadt. Sieben Tage in der Woche ist es bei ihnen so ruhig wie sonst nur am Sabbat bei den strengsten Juden. Kein Autohupen stört sie auf in ihren Gedanken, kein fremdes Lachen mischt sich dort in ihr Gespräch. Die Pflaster ihrer Innenhöfe biegen sich bei ihnen als geschwungene Wellen eines versteinerten Meeres unter ihren Füßen. Mit all den Gärten und Gäßchen ist das Viertel dennoch kaum mehr als ein einziges Haus, als versammelten sich all seine Bewohner täglich um einen einzigen Tisch. Wie in einer Nußschale ist dort eine andere Welt verwahrt, in einer Nische der Zeit eine ganz und gar eigene Geschichte.

Ein armenisches Gesicht, sagte mir mein armenischer Freund, würde er sofort unter Hunderten erkennen. Ich habe indes nicht lernen können, was das ist: ein armenisches Gesicht. Nicht durch ihre Nase, nicht durch die Backenknochen oder ein markantes Kinn stechen diese Gesichter hervor, sie sind mir, ganz im Gegenteil, immer nur durch ihre Verschiedenheit aufgefallen. Vielleicht würde ich sie heute aber dennoch an ihren Augen wiedererkennen, an ihren Augen und an ihrem Blick.

Ihrem Patriarchen wurde ich zum Beispiel nie vorgestellt. Dennoch habe ich ihn einmal in der Grabeskirche an seinem Blick schon von weitem erkannt, als er nach der Liturgie seinen Ring den Gläubigen und Ungläubigen einladend zum Kuß hinhielt. Da habe ich nicht lange gezögert. Davor war ich ja schon so oft seinem anziehenden Glanz, seiner Klugheit und seinem Schatten begegnet, der selbst bei seiner Abwesenheit über das Viertel wie der Schatten des Berges Ararat auf die armenische Geschichte fällt. Sein Reichtum wird nur noch von seinem Witz übertroffen, und von den Legenden, die sich in der ganzen Stadt um ihn, seine Kraft und Manneskraft und seine Großzügigkeit ranken.

Ihm gehört das armenische Viertel, also dieses ganze große Haus; die armenische Gemeinde wohnt bei ihm zur Untermiete, fast gratis oder ganz umsonst, in unmittelbarer Nachbarschaft zu den teuersten Wohnungen der Welt in Jerusalems neuem alten Judenviertel. Flüchtlinge wohnen unter seinem Schirm auf einem Boden, für den schon Könige ihr Leben ließen. Zu seinen Füßen stapeln sich Reichtümer, die armenische Pilger durch die Jahrhunderte den Golgota hochgeschleppt haben. »Glücklich ist«, dachten sie, »wer ein Andenken in Zion hat.« Jeder gab, was er konnte, und das Beste war gerade gut genug für Jerusalem. Denn die Armenier dachten und denken anders als wir, die wir – wenn schon – durch Andenken glücklich werden, wenn wir sie mitnehmen können oder mitgehen lassen; Armenier denken geradewegs umgekehrt.

So ist das Haus des Patriarchen zu einer einzigen Schatzkammer geworden, materiell und spirituell. Keiner residiert in Jerusalem wie er, der einst als Vollwaise in der Stadt ankam. Sein Palais überspannt die »Straße des armenischen Patriarchats«, die vom Jaffa-Tor zum Zion hochführt. Im Empfangssaal sind die Wände gleich reihenweise von Bildern gekrönter Häupter geschmückt, die ihm oder seinen Vorgängern ihre Aufwartung machten. Gleich neben seinem Sitz führt eine kleine Zisterne tief in den Boden hinunter, damit er jederzeit von dem frischen Jerusalemer Wasser trinken kann. Der gelehrteste seiner Erzbischöfe ist sein Bibliothekar. Unschätzbar sind die handgeschriebenen Schätze, die er verwahrt, verwaltet und immer noch studiert. Auch die erste alte Druckerei ist intakt, in der das erste Buch in der Stadt des Buches gedruckt wurde, in armenischen Lettern natürlich.

So verwundert es nicht, daß die Armenier natürlich auch die schönste Kirche Jerusalems besitzen, selbstverständlich in ihrem Viertel. Die St.-Jakobs-Kathedrale ist gleichsam ein Zimmer in diesem Haus und hat an Erlesenheit ihrer Ausstattung wie an Zauber und Ausstrahlung nicht ihresgleichen in der Welt, auch nicht in dieser Stadt. Sie ist die Hauskapelle der

Armenier, die etwa fünfzehn Prozent der Christen in dieser Hauptstadt und knapp ein halbes Hundertstel der städtischen Gesamtbevölkerung stellen.

Das wahre Gewicht der Armenier aber läßt sich nicht anteilmäßig berechnen; dazu ist es zu schwer durch ihre Geschichte und zu groß durch ihren Geist geworden. Denn es ist der Geist eines ganzen Volkes, der jeden einzelnen der knapp zweitausend Charaktere sättigt, die hier zusammen eine Gemeinde bilden. Und in ihrer Liturgie scheint dieser gleiche Geist so rein wie in den Erbinformationen einer kollektiven DNS-Kette bewahrt und weitergegeben worden zu sein, nicht unter- sondern überbewußt.

Selbst bei sich zu Hause, vor dem Portal der Jakobs-Kathedrale, bilden sie deshalb vor ihrem Einzug in die Kirche regelmäßig zuerst einmal jenen großen Rahmen aus Menschen choreographisch nach, mit dem sie sich in Jerusalem von jeher schon einen größeren Raum geschaffen haben, als es ihrer Anzahl entsprach. Das Innere dieses Rahmens ist immer leer: für die köstlichsten Wechselgesänge und den betörendsten Weihrauch der melodie- und weihrauchschwangeren Stadt. Die Armenier sind durchtränkt von dem Geheimnis dieser leeren Mitte, mein Freund Kevork ebenso wie der unrasierte heitere Harry, der Mesner, bei dem sich das Parfum des Weihrauchs mit dem Geruch von Mottenkugeln mischt, wenn er sich für seinen Dienst den Ornat eines Großfürsten über sein abgetragenes Hemd streift – oder wie die Mädchen, die in den mittelalterlichen Turnhallen weiterhin die Volkstänze ihrer nie gesehenen Heimat einstudieren.

Kevork ist vielleicht so alt wie ich, aber viel gescheiter: ein Intellektueller reinsten Wassers, ein Zyniker alter Schule und vielleicht sogar ein Nihilist, der hin und wieder fromme Abhandlungen über die heiligen Stätten verfaßt. Ich hatte ihn in einem Café am Jaffa-Tor getroffen, wo ich mich seit Tagen herumtrieb, weil mich das Abweisende des armenischen Konvents so angezogen hatte. Denn ohne Freunde oder gewichtige Empfehlungen kommt man in das Viertel nie weiter als bis zur Jakobs-Kirche hinein, und auch das nur zu bestimmten Stunden. Deshalb hatte ich auch schon vergeblich ein wenig im Umfeld des Konvents herumspioniert.

»Wie lange sind die Armenier schon hier in der Stadt?« hatte ich in einem Restaurant »Erivan« den Besitzer gefragt. »Wir waren schon vor Christus hier!« antwortete er mir stolz und legte mir dazu eine schamlos überzogene Rechnung für einen Vorspeisenteller auf den Tisch. »Hier nennen sich mehrere Armenier, die keine sind«, sagte mir Kevork später dazu, »und die armenischen Restaurants sind fast nie armenisch«. Bei der Gelegenheit hat er mich gerade zu einem üppigen Mahl – bei einem Araber – eingeladen und auch nach einer geleerten Flasche Arrak nicht versäumt, meinem Taxifahrer, der mich durch den strömenden Regen Jerusalems zurück in mein Hotel brachte, noch im voraus zu zahlen, was ich ihm schuldig werden sollte.

Das Viertel, in dem Kevork wohnt, umfaßt gerade ein Sechstel der Altstadt als ein ummauertes Rechteck auf dem Gipfel des Zionsberges, das im Süden und Westen an die Stadtmauer, im Osten an das

Judenviertel und im Norden an das Viertel der Christen grenzt. Auch sie sind natürlich Christen, doch die Armenier waren schon von jeher Christen besonderer Art. Denn so unbeirrbar wie früher nur die Juden begreifen auch sie sich als Gottesvolk, sozusagen als die Juden unter den Christen. Wie bei keinem anderen Volk ist nämlich auch in ihrer Geschichte die Nation mit ihrer Kirche eine fast fugenlose Verbindung eingegangen. Und aus eben dieser Geschichte ist schon in frühester Zeit der armenische Konvent vom Ararat her als eine Arche ihrer Ansprüche nach Jerusalem entsandt worden.

In der gleichen Position wie heute beschreiben den Konvent deshalb schon die Chroniken der Kreuzfahrer, deren Könige übrigens fast allesamt den Verführungskünsten armenischer Prinzessinnen erlagen. Damals war es allerdings noch ein reines Kloster mit einem angeschlossenen Pilgerheim, und das blieb es auch mehr oder weniger bis in unsere Tage – bis die Pilgerströme zugunsten der Flutwellen von Flüchtlingen versiegten, mit denen unser Jahrhundert in die Geschichte eingehen wird. Seitdem erst wohnen in dem Konvent, dessen Tor noch immer jeden Abend verschlossen wird, Laien und Kleriker in einer einzigartigen Gemeinde zusammen, gewissermaßen als ein welteinmaliges Familienkloster. Aus reiner Not also wurde das Viertel zu einer kleinen Stadt in einem Kloster: zu einem profanen Juwel in einer sakralen Fassung – zu einem Solitär, unter dem sich wie unter einem Brennglas die Geschichte jenes Volkes bündelt, in dem sich bis heute die Überzeugung gehalten hat, daß seine ursprüngliche Heimat der Garten Eden war.

Das Unglück der Armenier wollte es jedoch, daß dieser Garten auf der Landbrücke zwischen Europa und Asien lag, zwischen dem Schwarzen und Kaspischen Meer, auf einer Hauptverkehrsstraße der Eroberer von Ost und West. So haben die letzten zweieinhalbtausend Jahre bis zum Jahre 1375 fünf verschiedene armenische Reiche gesehen. Seitdem lebten sie – bis zum Ende dieses Jahrtausends – nur noch unter fremden Herrschern. So weit, so unglücklich. Die große Tragödie der Armenier begann jedoch erst, als wir unsere nachindustrielle gesellschaftliche Identitätskrise von den menschenfressenden Götzen des Nationalismus kurieren lassen wollten.

In der Türkei, die die Bühne dieses Jahrhunderts ja noch als eine Weltmacht betrat, begann dieser Wahn schon im Jahre 1894 mit einer blutigen Ouvertüre, als Sultan Abdulhamid rund dreihunderttausend Armenier für die nationale Reinigung seines Vielvölkerreiches ermorden ließ. »Die Unordnung dieser Metzeleien«, schrieb Franz Werfel aber schon im Jahr 1933, sei noch der beste Teil der Schurkerein gewesen. Denn zwanzig Jahre später sollte jenem ersten chaotischen Blutrausch mitten im Ersten Weltkrieg durch die Jungtürken »etwas weit Entsetzlicheres folgen: die Ordnung«. Nun sollte das heroische türkische Wehrvolk systematisch von dem blassen Volk der Händler und Bücherwürmer gereinigt werden.

Besondere Gründe brauchten dafür nicht lange gesucht werden; die Armenier siedelten ja zur Hälfte im Zarenreich. Konspiration mit Rußland, Hochverrat, Felonie und subversive Gesinnung lagen auf der Hand. Die Armenier waren gleichsam von Natur aus schuldig – dazu waren sie reich. Also dekretierte der Generalissimus Enver Pascha, daß alle Armenier »ins Nichts zu deportieren« seien. Die »armenische Frage« sollte mit den Armeniern selbst aufgelöst und »ihrer Existenz ohne Gewissensregungen ein Ende bereitet« werden. Unter dem Schweigen der anderen Weltmächte kostete diese »Maßnahme« anderthalb Millionen Armeniern das Leben.

Die Rechnung der Jungtürken, die »armenische Frage« damit endgültig zu lösen, ging aber dennoch nur halb auf. Viele überlebten auch. Ja: »Wer redet heute noch von der Vernichtung der Armenier?« konnte Adolf Hitler im Jahr 1939 seine Mitarbeiter in Hinblick auf seine eigenen Pläne noch fragen, und in der Türkei darf tatsächlich bis auf den heutigen Tag von der Vernichtung nicht geredet werden. Um so mehr ist aber dafür in Jerusalem von der »verfluchten Rasse«, die in dem ersten Völkermord des zwanzigsten Jahrhunderts ausgelöscht werden sollte, weiterhin und tagtäglich und wohl für alle Zeit die Rede.

Denn im armenischen Konvent pocht das Echo der millionenfüßigen Vertreibung in den Schläfen der Flüchtlinge und ihrer Kinder weiter. Dort kommt die Erinnerung an die ungeheure »Senkgrube des Todes in Deir es Zor« nicht zur Ruhe, und an die verwesende »Jauche der Menschheit«, durch die sich die Deportationszüge schleppten. Die Keller bersten da fast vor den Dokumenten, Zeugenaussagen und Erinnerungen an die geschmolzene Butter, die in Wunden gegossen wurde, an die Schreie der Apokalypse, an die Gekreuzigten, die Amputationen, die Hufeisen, die an Fußsohlen genagelt wurden, an den Staudamm aus Toten, der bei Erzinghan den Euphrat verstopfte, an die wahnsinnigen Mütter, die ihre Kinder hymnensingend von Felsen schleuderten, an die sprichwörtliche Vergewaltigung ihres Volkes.

»Aha, ihr seid die Schlaumeier der Armenier!« wurde so mancher Priester, Lehrer oder Arzt aus dem Zug herausgerufen und dann mit seinem Kopf in einen Schraubstock eingespannt, bis der Kopf barst. »Heute nehme ich die Dornenkrone von Israel«, schrieb Israel Zangwill damals, »um damit das Haupt der Armenier zu ehren«, bevor die Deutschen diese Krone ein Vierteljahrhundert später wieder an Israel zurückgaben. Jedenfalls schien Armenia damals zu einem Utopia geworden. Araber waren die ersten, die den Überlebenden halfen, und im Jahr 1948 wurde der Konvent schon wieder zum ersten Flüchtlingscamp in den Kriegen um Israel. Er lag mitten in der Frontlinie.

»Jerusalem ist mein Vaterland«, sagt deshalb Kevork. Seine Heimatstadt ist der Konvent. Diese Stadt hat keine Straßennamen, keine Hausnummern, Autos sowieso nicht, aber auch keine Touristen, eine einzige – für alle freie – Telefonleitung und nur eine Postadresse, die des Patriarchen. Elektrizität wurde erst in den fünfziger Jahren hierhin verlegt, Wasserleitungen in den sechziger Jahren. Doch immer gab es hier schon Gänge, Treppen, Emporen, Ballustraden und noch mal Treppen, Bogengänge, Winkel, Innenhöfe, Gärten und noch einmal Treppen. Manchmal erscheint der Komplex wie ein surreales Bild, auf dem die Treppen an den Wänden hoch und an den Decken entlang immer wieder an ihren Ausgangspunkt zurückkommen. Für die städtischen Behörden gilt deshalb das ganze Viertel als einziger Privathaushalt nach eigenem Gesetz, in dem ihre Beamte nichts verloren haben. Es scheint aus einem einzigen Stein gehauen, wie eine architektonische Erinnerung an die tausend und aber tausend Steine Armeniens – und insgesamt so still und undurchsichtig wie anfänglich alle Freunde und Bekannten, die Kevork mir nacheinander vorstellt. Sie sind alle stolze Fremdkörper in dieser Stadt, vielleicht sogar auf unserem Erdball.

Die meisten von ihnen sprechen mehrere Sprachen. Nur ihre Sprache spricht außer ihnen fast keiner sonst auf der Welt. Tausend Kreuze schmücken um sie herum in Stein, Keramik und Metall die Wände, die nach armenischer Tradition immer verschieden und ohne den Gekreuzigten gestaltet werden mußten. Auch alle Kreuze sind dadurch Solitäre, immer anders. »Es ist doch realistischer so«, sagt Kevork, »denn zweimal dasselbe gibt es ja nicht, erst recht nicht zweimal dasselbe Kreuz.«

In dem kleinen Café vor dem Haupteingang hatten wir uns an einem Wintermorgen zwei Mokka kommen lassen. An einem Nebentisch schminkte sich eine junge Frau mit Netzstrümpfen. Da hier jeder jeden und jede kennt – und auch die Schwächen, die sich in verschiedenen Formen schon seit Generationen in bestimmten Familien halten –, wechselten wir schnell das Thema. »Welche Rolle spielt ihr eigentlich heute in dieser Stadt?« fragte ich ihn etwas allgemein.

Kevork zwinkerte mich an. »Sagen wir es einmal so«, lächelte er dann, »wir sind nur eine kleine kirchliche Gemeinde. Wir spielen keine Rolle. Wir stehen radikal zu unseren Wurzeln und sind offen für alle anderen.« Das hatte ich schon bemerkt. So offene Ohren wie unter den Armeniern hatte ich noch nie getroffen. Sie sind gewiß die Herren der Gerüchte Jerusalems, das ja auch eine Hauptstadt des Tratsches ist. Sie wissen alles. Selbst pikante Details aus der Bonner Gerüchteküche werden hinter den Mauern ihres Konvents wie eine begehrte fremde Währung gehandelt.

»Aber wie steht es denn mit der Politik?« fragte ich ihn weiter. Auch Kevork lächelte weiter. »Wir machen keine Politik. Der Patriarch da oben macht keine Politik. Er ist ein kluger Mann und wacht nur über die Spiritualität der Väter. Unten in den Gassen Jerusalems aber führt natürlich kein Weg an der Politik vorbei.« Sein Freund Albert war dazugekommen, ein Dozent für Geschichte an der palästinensischen Bir-zeit-Universität. »Sieh mal«, fiel er ein, »wir können uns aussuchen, mit wem wir uns solidarisieren, ob mit den Juden wegen ihrer alten Unterdrückungsgeschichte oder mit den Palästinensern wegen ihrer aktuellen Unterdrückung. Warum sollten wir uns da also entscheiden? Wir sind alle Sklaven der nationalen Sicherheit. Nach unserer Vertreibung haben uns die Araber als erste geholfen. Jetzt aber sind auch wir Palästinenser geworden. Palästina hat uns dazu gemacht. Auch die Juden sind Palästinenser. Sie wissen es nur noch nicht.« Wir brechen das Gespräch ab, weil der greise Erzbischof Boghazian gerade so pünktlich wie jeden Tag von seiner Bibliothek her im gegenüberliegenden Portal erscheint, um auf unserer Terrasse seinen schweigsamen Mittagsmokka einzunehmen. Wir grüßen ihn so ehrfürchtig wie drei Ministranten.

»Albert«, sagte Kevork mir am Abend, »hat leider zu oft ansehen müssen, wie seine Kollegen an der Universität auf Militärlastwagen springen mußten. Denn wir Armenier müssen nicht springen.« Jetzt saßen wir bei dem alten Mr. A. in der Küche. Mr. A. ist ein Shakespeare-Spezialist, der in der ganzen Stadt nur unter dieser Abkürzung bekannt ist, auch er schon sehr lange Waise und seit vielen Jahren Witwer. Sein Gesicht unter der Fellmütze, die er auch zu Hause nicht abnimmt, ist über und über mit Lachfältchen durchzogen. Hier in der Nähe des Jaffa-Tores betreibt er ohne Namensschild an der Tür und ohne jede Lizenz ein gutgehendes Zwischending zwischen einer Jugendherberge und einem Mädchenpensionat im offenen Dachgeschoß des ersten Stocks.

Er ist ein wahrer Philosoph; seine schmuddelige kleine Küche ist in Wirklichkeit eine Tonne. Während er mit einem Ohr dem Kichern kleiner Schwedinnen auf dem Dachgarten lauschte, erzählte er stehend – mit einer Hand an der Stuhllehne, in der anderen Hand eine Bierdose – von seiner kindlichen Odyssee über Mossul und Bagdad, von seinem Bruder, den die Mutter unterwegs für ein Brot an einen Kurden verkaufte, von den Heuschreckenschwärmen, die den Horizont schwarz und den Himmel grau werden ließen, und zeigte mir dann mit leisem Lachen ein

Gedicht, das er gestern von einer jungen Verehrerin aus Holland erhalten hatte. Die Zigarette nahm er keine Sekunde aus seinem Mundwinkel.

Kevork antwortete ihm mit der Geschichte eines Studenten aus Ankara, der ihn letzte Woche zu einem Tee eingeladen hatte. Ob er eigentlich auch glaube, wollte dieser Student von ihm wissen, was die Armenier in der ganzen Welt von den Türken erzählten? »Was heißt glauben?« hatte Kevork erwidert. »Wir haben die Zeugen, wir haben die Dokumente.« Da habe der Student ihn fassungslos angestarrt. »Aber glaubst du denn wirklich«, konnte er ihn schließlich zum Abschied nur noch fragen, »daß wir genauso sind wie die Deutschen?« Mr. A. lachte: »Kevork, Kevork! Der Mensch, der Mensch ist schlecht; aber die Türken sind wunderbare Menschen!«

»Denn es war ja nicht die Türkei«, fuhr er fort, »sondern ihre ›Einheits- und Fortschrittspartei‹, der wir unser Schicksal verdanken. Und natürlich war diese Partei damals ja auch tatsächlich am fortgeschrittensten. – Wir wollen also auch keine geständigen Täter. Sie sind ja alle längst selber tot. Von der Türkei wollen wir deshalb doch nicht unser Land, sondern nur unsere Geschichte zurückhaben, unsere Wahrheit. Dort, und nicht in Armenien, sollen unsere Toten endlich in Frieden ruhen: in der Wahrheit! Der Konvent ist ja nur eine winzige Insel der Kontinuität.« Er selbst spricht immer noch fließend Türkisch.

Nach einem türkischen Frühstück mit Backwerk, Käsewürfeln und Honigschnitten hatte mir Kevork am gleichen Morgen schon die Schule gezeigt, die das Rückgrat dieser Kontinuität im Viertel ist. »Lehren ist eine armenische Leidenschaft«, hatte dort ein Seminarist unter den hellwachen Augen seiner Zöglinge gesagt. Auch in ihrer Mystik des Lernens gleichen die Armenier den Juden also am meisten. Auf unserem Weg durch die Turnhalle kamen wir an einem Erstdruck der Lutherbibel vorbei, die dort in einem billigen Schrank hinter einer dünnen Fensterscheibe verwahrt wird. Die alte Bibliothek kann allein die Handschriften kaum fassen, die hierhin in Sicherheit gebracht wurden. »In Afrika sagt man«, erzählte Kevork unterwegs, als wir auf einem Ballustradenkorridor gerade an der Zelle des Bibliothekars und Erzbischofs Boghazian vorbeikommen, »daß mit dem Tod jedes Häuptlings eine ganze Bibliothek verbrennt. Es wird eine Katastrophe für uns, wenn dieser Mann einmal stirbt.«

Unter der ältesten Pinie Jerusalems im Garten des Konvents habe ich Kevork dann zum letztenmal getroffen. Ich sehe den Baum jetzt noch vor mir und wie der Wind in seiner Krone spielt. »Von diesem Baum hört Erzbischof Boghazian jedesmal ein Käuzchen schreien, bevor unter uns jemand stirbt«, sagte Kevork mir neben dem mächtigen Stamm und deutete in die Äste hoch. »Hat es auch vor eurem Mord geschrien?« fragte ich zurück. Er sah mich schmallippig an. Ich wußte natürlich, es war kein Mord, von dem seit einigen Wochen die ganze Stadt redete, sondern wohl ein Totschlag. Ein Messer aus der Hand eines Armeniers steckte im Herzen eines anderen Armeniers, in der Geschichte des Viertels einmalig. Jedenfalls war im Konvent ein Schleier der Scham und des Schweigens um diesen Fall gezogen worden. Denn es gibt ja dort keine nennenswerte Kriminalität und fast nicht einmal Scheidungen. Zwar sollen armenische Ehen, nach Gerüchten außerhalb der Mauern, nie eigentlich gebrochen, wohl aber hin und wieder tüchtig gebogen werden, doch Kindesmißhandlungen oder gar Morde waren innerhalb der Mauern bisher ausschließlich dem Fernsehprogramm vorbehalten. – Kevork lehnte weiter an der Pinie. Ich habe ihn immer nur mit seinen Augen lächeln gesehen. Jetzt aber sah er mich groß an. »Wir Armenier haben keine Beichte wie die Katholiken«, sagte er, »darum sündigen wir immer öffentlich.«

In der St.-Jakobs-Kathedrale war mir schon am Tag zuvor in einer Nebenkapelle ein Fries herrlicher Kacheln aufgefallen. Auf einer Abendmahlsdarstellung schiebt Jesus dort gerade dem Judas einen Bissen in den Mund, beide mit Heiligenschein, auch Judas. In einer anderen Miniatur waren Adam und Eva zu erkennen, mitten im Akt des Obstdiebstahls vom verbotenen Baum. Doch sie waren bekleidet. Was soll das heißen? Haben die Armenier nach dem Sündenfall und unserer Vertreibung aus dem Paradies vielleicht noch einmal am Baum der Erkenntnis zugelangt? Jetzt wollte ich die Kacheln und die ganze Kirche noch einmal sehen.

Sie ist selbstverständlich das Herz des Viertels und, wie gesagt, von überirdischer Pracht. Teppiche wie in einer Moschee bedecken den Boden. Dreihundert Öllämpchen verteilen sich in der Dunkelheit wie flackernde Sterne in der Höhe der Kuppel, wo die vieläugigen Cherubim den Gesängen dieser Gemeinde lauschen dürfen. »Hier liegt der Kopf des älteren Jakobus«, erklärte mir Kevork augenzwinkernd vor einer perlmuttschimmernden Nische, »und dort liegen die Gebeine des jüngeren. Von Jakobs Kopf lebt unsere Gemeinde, von seinem Rumpf zehrt die Geschichte ganz Spaniens. Vielleicht leben wir aber noch mehr von dem Kopf und Rumpf des Jüngeren.«

Das ist leicht nachvollziehbar. Denn der ältere Jakobus aus Bethsaida vom See, der Sohn des Zebedäus und Bruder des Johannes, der im Jahr 44 enthauptet wurde, war ja immerhin der erste Märtyrer unter den Aposteln. Mit dem jüngeren Jakobus aus Nazareth aber, dem ersten Bischof Jerusalems, der später von der Tempelzinne gestürzt wurde, haben die Armenier sozusagen einen handgreiflichen familiären Rest des auferstandenen und in den Himmel gefahrenen Messias selbst in ihre Obhut genommen: den zurückgebliebenen Bruder des aufgefahrenen Herrn, Fleisch von seinem Fleisch, Bein von seinem Bein.

»Warum glaubst du das eigentlich nicht, was du mir da alles erzählst? Es ist doch so schön«, habe ich meinen armenischen Freund da gefragt. Er schob seine Zunge in die Backe, zog die Brauen hoch und sah mich wieder groß an. »Mein Vater ging nie in die Kirche«, sagte er. »Manchmal erzählte er mir aber, wie er erlebte, wie während unserer Austreibung plötzlich eine Frau aus der Kolonne heraus in die Wüste weggelaufen war. ›Wo willst du hin?‹ riefen ihr die anderen nach. ›Zu einem Begräbnis!‹ schrie sie zurück. ›Wer ist denn tot?‹ ›Gott!‹ schrie sie da ein letztes Mal so, daß mein Vater es nie mehr vergessen konnte. Sie war natürlich wahnsinnig.« Er sah mich einen Moment verlegen an. »Weißt du«, fuhr er fort, »wir sind keine feierlichen Narren. Der Glaube ist zu groß für uns. Wir können nicht, wir können nur gemeinsam, bei uns kann nur die Kirche glauben.« Jetzt hatte er auch mich verlegen gemacht. Ich faßte ihn am Arm. »Ich weiß nicht, ob ich noch einmal wiederkomme. Nimm doch«, bat ich ihn, »diese Geschichte, wenn ich sie geschrieben habe, und verwahre sie hier irgendwo. Denn auch ich hätte gerne eine Erinnerung bei euch – und ein Andenken in Zion.«

(1987)

5

Vom Zion zum Karmel

Heimat, was ist das? Schon seit Ägypten oder Babylon hatten die Juden auf ihrer Wanderung durch die
Geschichte immer wieder die Sprachen aller Völker
gelernt, unter denen sie sich jemals niedergelassen
hatten. In jedem Exil hatten sie alles darangesetzt,
sich zu Hause zu fühlen, nach jeder neuen Vertreibung. Lieber als alle anderen Länder waren ihnen
aber schon bald nach der Vertreibung durch die
Römer aus Palästina »Aschkenas« und »Sefarad«
geworden, wie Deutschland und Spanien im Mittelalter auf hebräisch hießen. Nach Eretz Israel waren
damals Deutschland und Spanien die neuen Gelobten Länder der Juden geworden.

Aus Aschkenas und Sefarad haben sie deshalb zu
ihrem alten Hebräisch auch die fremde Sprache
selbst mitgenommen, als sie von dort wieder aufbra-
chen und erneut vertrieben wurden: das mittelhoch-
deutsche Jiddisch für die Aschkenasen und für die
Sepharden das alte kastilische Ladino, das heute
noch jeder Spanier mühelos lesen und verstehen
kann.

Aus Deutschland wurden sie im Lauf der Zeit in vielen Wellen vertrieben, aus Spanien dagegen vor fünfhundert Jahren in einem einzigen Jahr: Anno Domini 1492. Im gleichen Jahr wurde Amerika entdeckt. Doch zuerst wurden in diesem Weltschicksalsjahr die Sepharden über die ganze Erde vertrieben und verstreut. Es war das Verbrechen und die Katastrophe, mit dem damals in Spanien die Neuzeit begann.

Die Juden Toledos packten weinend und seufzend ihre Maulesel. Spätestens bis zum August mußten sie Spanien – nach Hunderten von Jahren – verlassen haben. Es waren jene wenigen Frühlingstage, in denen das alte Sefarad plötzlich von einer blühenden Oase der Weltkultur zu einem staubigen Land der Literatur wurde: zu einem reinen Reich der Worte, heimatlos, grenzenlos und ganz und gar phantastisch.

Eine jener Flüchtlingsfamilien aus Toledo beispielsweise rettet sich nach Saloniki, eine andere flieht zuerst nach Italien, dann weiter in den Maghreb nach Marokko an den Atlantik, wo sie bald nur noch Arabisch sprechen. Das waren die Rosilios. Die Jehoschuas in Saloniki aber sprechen ihr altertümliches Spanisch einfach immer weiter, durch die Jahrhunderte hinweg, obwohl am Anfang des letzten Jahrhunderts ein jiddischsprechender Rabbi Jitzchak aus Prag auch noch einen Tropfen aschkenasisches Blut in ihren Generationenstrom mischt. Wenige Jahrzehnte später machen sie sich noch einmal auf, um sich am Zionsberg niederzulassen.

Ein Urenkel Jitzchaks ist Jakob Jehoschua. Auch er spricht immer noch jenes Ladino der Vertriebenen, als er in den dreißiger Jahren eine Malka – oder »Sultana« – Rosilio in Jerusalem kennenlernt und heiratet, deren Vater sich kurz davor aus Essaouira in Marokko nach Palästina aufgemacht hat. Jakob lehrt Arabisch an der Universität und fängt mit vierundsechzig Jahren zu schreiben an: insgesamt noch zwölf Bücher über das Leben der Sepharden in Israel, bevor er 1982 stirbt.

Damals lehrt auch ihr gemeinsamer Sohn Abraham schon an der Universität; und damals hat auch er schon seine ersten Bücher und Essays geschrieben. Doch fünfhundert Jahre nach dem Auszug aus Toledo ist Abraham auch der erste in der langen Kette der Jehoschuas, der kein Ladino, sondern nur noch Hebräisch redet, denkt und schreibt, allerdings Ivrit, das Neu-Hebräisch des neuen Staates Israel. Er ist der erste Voll-Israeli der Familie. Jetzt erinnert nur noch der olivfarbene El-Greco-Teint, eine orientalisch-weiche Eleganz seiner Rede und sein melancholischer Blick an seine Vorfahren aus Sefarad. Abraham Gabriel Jehoschua wurde 1936 in Jerusalem geboren, das er als Kind noch in den ersten zwölf Jahren seines Lebens als die offene Stadt der Mandatszeit erlebte, ohne den Staat Israel. Dieses Jerusalem hat ihn geprägt wie eine alte Münze.

Aber jetzt lebt er schon seit vielen Jahren auf dem Karmel in Haifa über dem Mittelmeer: einer Stadt ohne explodierende Blumenkohlköpfe auf dem Markt, ohne Steine in den Windschutzscheiben, ohne Ausgangssperren – mit vielen alten Aschkenasen oder auch ganz und gar Deutschen und einem Palästinenseranteil von über dreißig Prozent. Haifa ist der Garten unter den Städten Israels. »Kerem El« heißt der Bergrücken von alters her, »Weinberg Gotte«. – »Schön wie der Karmel ist dein Scheitel, wie reizend du doch bist!« pries das Hohelied vor fast dreitausend Jahren die bezaubernde Shulamit, bevor Paul Celan im Lied der Lieder unseres Jahrhunderts ihr »aschenes Haar« betrauerte.

Auf diesem Scheitel jedenfalls hat Abraham Jehoschua fast all seine Bücher geschrieben, in einem Ort aus der Topographie des westlichen Unterbewußtseins, auf dem östlichsten Hügel der Stadt, in einem kleinen Zimmer im 21. Stock des Universitätsturms, mit einem Blick über die Hügel Galiläas bis hin zu den Bergen des Libanon. Am Abhang des Ölbergs in Jerusalem liegen seine Väter begraben, mit Blick auf den Tempelberg. Und auf mysteriöse Weise ist Jerusalem auch die Hauptfigur seines Meisterwerks. Aber hinter dem Jerusalem, das er sieht, scheinen immer diese Zedern und Zypressen Haifas durch.

Er ist ein wundervoller Dichter des Landes; als A. B. – sprich: Aleph Bet – Jehoschua ist er jedem Schulkind bekannt. Seine Bücher werden überschwenglich auf der ersten Seite der »New York Review of Books« rezensiert, aber einen einzigen Verriß in der »Haaretz« könnten auch fünf solcher Besprechungen nicht aufwiegen. Denn weil in Israel die Schriftsteller entscheidend an der Neuschöpfung der Sprache beteiligt sind, ist Abraham Jehoschua nach den zweitausend Jahren des Exils heute auch entscheidend an der Neuschöpfung jüdisch-israelischer Identität mitbeteiligt. Bis heute ist die neue Sprache der einzige gemeinsame Nenner der hundert

Nationen und Kulturen Israels. Kritik aus Israel wird er deshalb bis an sein Lebensende im Wortlaut auswendig behalten – der mit Amos Oz einer der schärfsten Kritiker aller Regierungen seines Landes seit den Zeiten Golda Meirs ist. Die beiden sind wie Brüder, Abraham als Sepharde, Amos als Aschkenase, der eine im Norden in Haifa, der andere im Süden des Landes, in Arad, über dem Südufer des Toten Meeres. Kaum einer wirbt so leidenschaftlich und kompromißlos wie diese glühenden Zionisten für den Frieden: in einem endlichen und radikalen Ausgleich Israels mit den Philistern in diesem kleinen Land. Die israelische Annexion Jerusalems hat er vom ersten Tag an als Katastrophe begriffen.

Seine Mutter verzeiht ihm deshalb bis heute – wo er längst über fünfzig Jahre alt ist – nicht, daß er kein Violinist geworden ist, und ruft ihn deshalb nach dem Auftritt jedes neuen Wundergeigers im Fernsehen noch vorwurfsvoll an. Warum er sich bloß dieser blöden Schreiberei verschrieben hat, und, schlimmer noch, der nichtsnutzigen Politik. – Wahrscheinlich darum: »Es darf nicht gesagt werden, nicht einmal gedacht werden«, denkt eins seiner Geschöpfe kurz vor dem Tod, »aber der Staat Israel ist nur eine Episode.« Darum setzt er sein Leben daran, daß es nicht so ist, um seiner Familie willen, der Zukunft seiner Kinder wegen, der Tochter Sivan, der Söhne Gideon und Nachum. Daß seine Tochter gut verheiratet wird, daß seine Söhne ihm keine Schande machen, ist alles, was er sich vom Leben noch wünscht. Er möchte gern ein stolzer jüdischer Großvater werden wie Millionen andere. Das aber, weiß er, ist nur im Frieden möglich.

Frieden? Der Taxifahrer, der mich zu ihm hoch-
fährt, ist ein Iraki. Er kennt die Araber, sagt er. Seine
Frau kommt aus dem Jemen. Er spricht fließend
Arabisch und Hebräisch. Er hat viele arabische
Freunde. Im Golfkrieg wartete er mit seinem Panzer-
LKW unten in der Jordansenke ungeduldig auf den
Marschbefehl nach Bagdad. Er spuckt die Sonnen-
blumenkernschalen aus. Und die Verhandlungen in
Washington? Da lacht er nur wieder. Da wird nie
etwas draus. Die Araber sind oft sehr freundlich, das
weiß er, aber du darfst ihnen nie trauen. Jetzt trinken
sie mit dir Tee, und plötzlich springen sie auf, schrei-
en »Allahu akbar« und reißen ein Messer aus der
Tasche.

Die haben einfach keine Demokratie gelernt, sagt
er, als wir an den langen Dünen vor Caesarea vorbeifahren. Die helfen ihren Frauen zu Hause nicht,
liegen nur rum umd lassen sich bedienen. Und wenn
sie einmal eine Demokratie haben und ein paar Verträge mit dir machen, kommt morgen ein neuer Des-
pot, zerreißt die Verträge wie Klopapier und will
dann plötzlich wieder Jerusalem erobern. Nächste
Woche hat er eine Reserveübung, seit zwanzig Jahren mit den alten Kameraden. Es ist immer wie
Urlaub. Nein, Frieden? Nie! Anderswo ja. Zum Beispiel in Berlin. Das war toll, nicht wahr, diese Wie-
dervereinigung nach fünfundvierzig Jahren. Hier
aber ist der Riß schon sechstausend Jahre alt und
tief. Der heilt nie. Er bietet mir Sonnenblumenker-
ne an.

Abraham Jehoschua kennt die Taxifahrer Israels.
Seine Romane erzählt er bisweilen sechs- oder neun-

stimmig – und erweist sich in jeder Stimme als ein Meisterkenner in den Abgründen der menschlichen Seele. Er schreibt, als könne er Kindern, alten und jungen Männern, alten und jungen Frauen, Jungfrauen, Huren – und selbst Hunden! – geradewegs ins Herz schauen, und ins Hirn, wo ihre geheimsten Hintergedanken, Phantasien und Obsessionen ohne jedes Komma wie in einem Bach im hellsten Tageslicht dahinströmen. Keiner zeigt das Land Israel so modern und so sehr von innen. Bei ihm sehen wir plötzlich: Das ist auch unser Land. Das sind Menschen wie wir. Das sind wir. Wir lachen am lautesten, wo er unsere privatesten Katastrophen beschreibt: unsere lächerlichen Ungeheuerlichkeiten. Er erwischt uns, wo wir uns verstecken, und packt uns, wo wir uns verborgen halten.

Seine Frau Rifka ist Analytikerin und entstammt einer aschkenasischen Familie aus Litauen; sie ist eine Quelle seiner Inspiration, die er mitnimmt, wohin und wie lange er auch verreist. Neben ihr wirkt er unendlich gelassen. Allein ist er ein freundliches unruhiges Nervenbündel: sanft, charmant, liebenswürdig, ein Meister der Sprache mit schneller und schwerer Zunge. Dieser Unruhe hat er sein Lebenswerk abgerungen.

Früher hat er ein Jahr für eine einzige Erzählung gebraucht, wog die Sätze, Silbe für Silbe, bis er sie endgültig niederschrieb, und hat doch – seit die Mühsal des Schreibens am Bildschirm immer leichter wurde, als die geschriebenen Worte als Software so viel an Gewicht verloren – noch nie mehr um einen Text gerungen als beim letzten Kapitel seines letzten Romans. – Doch darüber spricht er fast nie. Auch in seinen Vorlesungen redet er niemals über sein eigenes Werk. In seinen Romanen redet er vorzugsweise in fremden Zungen, in seinen Aufsätzen aber, und wenn er redet, spricht er immer zuerst einmal über Israel, fast völlig schwerelos. Da kann er sich kaum hinsetzen, wenn er zu sprechen beginnt, formt die Sätze einzeln mit seinen Fingern, hält und umgreift jedes Wort.

»Was ist ein Jude?« fragt er und erzählt dann die Geschichte von Trotzki. Trotzki, der die Religion auslöschen wollte, weltweit! Der die ganze Erde mit dem Feuer seiner Revolution überziehen wollte! Der größte Atheist unter der Sonne! – Und dann muß er vor Stalin fliehen. Und was macht er? In Frankreich klopft er an die Tür eines Rabbi, schreit: »Hilf mir! Rette mich! Ich bin Trotzki, Leon! Hilf mir, die Heiden wollen mich umbringen!« Natürlich rettet ihn der Rabbi. Natürlich war er da nur noch einer unter tausend verfolgten Juden. »Ich könnte die Thora verbrennen und bliebe ein Jude. Das ist heute keine Frage mehr. Viel schwieriger ist jetzt aber die Frage, was Israel ist. Darauf darf aber weder Schamir noch der Lubawitscher Rebbe in Brooklyn oder sonst ein neuer falscher Messias, noch dürfen die Siedler auf der Westbank darauf eine letzte Antwort geben. Das erste jüdische Gebäude in Israel nach zweitausend Jahren war keine Synagoge, sondern Petach Tikwah. Der neue Staat Israel fing doch dort mit Leuten an, die Jerusalem verließen und vor Tel Aviv die Sümpfe trockenlegten. Diesen Menschen und keinem Orthodoxen verdankt Israel seine Existenz. – Das Exil war ein einziger Irrweg des Judentums. Seit wir aus der

Gebärmutter Ägyptens hervorgekrochen sind, ist Israel das Heimweh nicht losgeworden, wieder in die Gebärmutter eines fremden Landes zurückzukriechen. Wir sind fixiert auf die Situation in der Wüste, als wir zwischen dem Land, wo wir herkamen, und dem Land, wohin wir wollten, lebten. Es ist verrückt, aber dorthin wollen wir immer zurück. Unsere Identität ist nicht vollendet.« Er ist der Selbstmorde und Morde so unendlich müde, die den langen Weg in seine Heimat zurückbegleitet haben, und der nicht nachlassenden Wehen der Wiedergeburt Israels. Deshalb möchte er, wenn er könnte, heute am liebsten die Geschichte der Juden rückwirkend verändern. So kann natürlich nur ein Israeli nach 1948 reden – wo es heute, wie er bestens weiß, auch ganz andere Stimmen gibt.

Hat er deshalb nie Angst? Um Israel? Ständig. Aber um seine persönliche Sicherheit? Nie. Vielleicht ist er dazu zu leidenschaftlich. Im Libanon-Krieg, erinnert er sich, hatte er zum Beispiel vor einem Bürgerkrieg gewarnt, wie ihn alle modernen Demokratien im Lauf ihrer Geschichte einmal durchgemacht haben. Der Artikel erschien groß auf der ersten Seite der »Maariv«, als gerade das Massaker vor den Toren Beiruts bekannt wurde. »Und da war es also, daß Begin in der Knesset vor laufender Fernsehkamera die Zeitung hochhob und zu den Sitzen der Arbeiterpartei herüber schrie: ›Habt ihr gelesen, was eure Schreiber hier geschrieben haben? Die wollen das Land in einen Bürgerkrieg stürzen! Die Hand gehört abgehackt, die so etwas schreibt!‹« – Ich schaue mir seine kleinen Hände an.

Er schaute sich damals die Szene im Fernsehen an. Wie kann ich jetzt noch zur Bank gehen, dachte er, oder zur Universität, einkaufen, Auto fahren, und kaute an seinen Fingernägeln. »He, Abraham«, hörte er dann aber am nächsten Tag immer wieder nur auf der Straße, »hast du gehört, der Premierminister hat über dich im Fernsehen gesprochen.«

Das, lächelt er, verdankt er wohl dem uralten Respekt vor den Propheten in diesem Land. Der Friede kommt, da ist er sich sicher. Und jetzt ist er sehr zuversichtlich, daß die Israelis nun wirklich und endlich Frieden mit ihren palästinensischen Nachbarn wollen. Jetzt werden sie die einmalige Chance der historischen Konstellation ergreifen. – Jedenfalls hat er in der Politik nicht weniger Phantasie als in seinen raffiniertesten Romanen.

Was könnte hier nicht alles werden, fährt er begeistert fort, mit der Phantasie und dem Geld, Knowhow und guten Willen der Israelis, der Saudis, der Amerikaner, der Europäer? Es könnte ein Paradies sein. Wer hätte den Fall der Berliner Mauer erwartet? Den Sturz der UdSSR? – Könnte, hätte, würde! Nein, es kommt zu einer Katastrophe, wenn nicht einschneidend etwas geschieht. Er erzählt wie von einem Kind von seiner Idee eines internationalen neuen Jerusalem – in der delikaterweise die Vorschläge dieses linken Kritikers den Vorstellungen des Vatikans über den künftigen Status Zions am nächsten kommen. Die herrliche Stadt könnte ein Laboratorium der Menschheit werden. Alle Gegenargumente hat er längst schon hundertmal gehört. »Herzl hatte am Schluß recht«, sagt er selbstbewußt, »ein versponnener Journalist mit dieser merkwürdigen Melodie in seiner Familie – und nicht Rosenzweig, Buber, Einstein oder alle anderen jüdischen Größen dieses und des letzten Jahrhunderts.« Herzl wurde der neue Moses, als Hitler, der andere verkrachte Künstler aus Wien, in diesem Jahrhundert der neue und fürchterlichste Pharao des Volkes Israel wurde.

Der Vorname Jehoschua kam erst unterwegs als Nachname in ihre Familie, im generationenlangen Exil, aus Dankbarkeit einem Rabbi gleichen Namens gegenüber, der ihnen einmal geholfen hatte. »Gott ist Rettung!« heißt der Name, der uns von den Griechen als Iesous überliefert wurde oder von den Spaniern als Jesús. – Abraham Jehoschua aber ist ein leidenschaftlicher Atheist, wie man sie vielleicht nur noch in Israel trifft, eine aussterbende Spezies – der sich in der Bibel auskennt wie kaum ein Theologe. Er feiert jeden Sabbat mit seiner Familie, alle Feiertage, mit Kerzen, mit dem Abendmahl, mit allem – aber bekommt es, zum Leidwesen seiner Frau, bis heute nicht hin, den Segen über den Sabbat-Wein zu sprechen, den er doch so gut wie alle Psalmen auswendig kennt. Er lacht. »Ich kann es nicht«, sagt er, ballt seine Fäuste und legt seinen Kopf schief, denn »mit ihm da«, sagt er, sei er noch nicht soweit, und schüttelt seine Fäuste nach oben.

Da ist dieser moderne Israeli wieder so jüdisch wie die frühesten Israeliten, die mit Gott mehr gerungen haben, als daß sie ihn anbeteten – und die sich jahrhundertelang strikt weigerten, auf ein Jenseits auch nur zu hoffen. Ein Jenseits? Gibt es nicht. »Ein Leben nach dem Tod? Gibt es nicht. Dieses Leben ist es. Das ist alles. Daraus müssen wir alles machen. Die Rettung ist bei den Menschen, sie liegt allein in unserer Hand.« – Bei den Menschen? Den Menschen seiner Ro mane etwa? – Natürlich, es gibt ja keine anderen. Wer sonst soll an Jerusalem weiterbauen? Der Mensch ist wunderbar: wandelbar! Abraham war doch nur ein Mensch. Keiner ist zu größeren Kühnheiten fähig. – Ein kurzes Lachen huscht durch sein Auge. »Abraham hat Gott erfunden!«

»Als Abraham aber den Heiligen – gelobt sei Er! – erfunden hatte«, fährt dieser merkwürdige Atheist dann fort, »befand er sich ja in dem gleichen Dilemma wie wir. Er hatte die Götzen zerbrochen. Er hatte den Einzigen gefunden. Und jetzt saß er also da, ganz allein. Wie sollte es weitergehen? Würde diese einmalige Erkenntnis nicht mit ihm untergehen zwischen den Götterwelten und Supermächten Ägyptens, Babylons und Kanaans? Würde sein einziger Sohn nicht schon bald wieder den anderen Göttern nachlaufen? Konnte er etwas anderes? Der Gott, den er erfunden hatte, war ja nicht zu sehen. Er konnte ihm nicht helfen. – Und können wir vielleicht glauben, daß Gott von ihm verlangte, er sollte seinen eigenen Sohn schlachten wie ein Metzger? Wer kann das glauben? Wie also sollte seine Erkenntnis überleben?«

Er sieht mich an, fährt sich mit der Hand durch die Haare und macht eine Pause. »Sein Sohn würde ihn auslachen, die Nachbarn, die Verwandten würden ihn für verrückt erklären, die Priester würden ihn vielleicht erschlagen. Er hatte keine Chance. – Und da nahm er also seinen Sohn, stieg mit ihm den Berg

Moria hoch, gegenüber vom Hinnomtal, wo der Boden schmatzte vom Blut der Kindsopfer an Moloch, packte ihn, warf ihn hin, band ihn auf den Holzstoß, zückte das Messer und sagte: ›Tut mir leid, Isaak, aber jetzt muß ich dich leider dem Moloch opfern. Ich hab ja keinen anderen Sohn und brauche doch die Gnade der Götter.‹ Und er hob das Messer, stach zu – und stoppte in der letzten Millisekunde. Sagte: ›Gott, der einzige, hat meine Hand angehalten. ER läßt nicht zu, daß ich dich töte. Ihm und nicht mir verdankst du dein Leben.‹ – So brachte er Isaak folgendes bei: ›Erstens, du verdankst dein Leben nicht deinem Vater, auch keinem Götzen, sondern dem einzigen Gott. Zweitens, Er will dich lebendig, Er will nicht deinen Tod.‹ – Das ist unser erster Bund. Damals wurden wir für immer an dieses Leben gebunden! Das ist die ›Akedah‹: die ›Bindung‹ Isaaks – die alle Welt immer als ›Opferung Isaaks‹ übersetzt und mißversteht. Das war kein Theater, das war genial. – Aber es war auch gefährlich. Denn später haben wir diesen Griff immer und immer wieder ausprobiert. – Nur gelingt es längst nicht jedesmal, den Stoß im letzten Moment anzuhalten. Immer und immer wieder ist uns die Hand auch schon ausgerutscht.«

Es regnet und gießt vor den Fenstern, es prasselt aufs Dach. Es ist der »Malkosch«, der letzte Frühjahrsregen. Ein fürchterlicher Knall läßt die Scheiben klirren. Ein Gewitter? Ein Bomber? Der Wind pfeift durch die Pinienhaine des Karmel, ein Sturm fegt die Wolken von der See her über das Land. Unten schmiegen sich die Lichter der Industriezone unter den fliegenden Wolken wie ein geschliffenes Collier um die Bucht nach Akko zu. Morgen, morgen soll es endlich Sommer werden.

Mir fällt eine Geschichte ein, die letztes Jahr in Spanien erzählt wurde. Da kam ein Jude nach Toledo zurück, wickelte vor der Kirche der »Santa Maria la Blanca« aus seinem Familienbesitz einen rostigen Schlüssel aus, mit dem sich auch nach fünfhundert Jahren das Tor der ehemals prächtigsten Synagoge der Stadt noch immer mühelos öffnen ließ. Und plötzlich erkenne ich mein Gegenüber in diesem Mann. Er ist über Jerusalem mit einem ganzen Schlüsselbund in den Westen zurückgekommen. Mit seinen Romanen öffnet auch er im Handumdrehen die verborgenen Räume hinter den Fassaden der Kathedralen, Kasernen und Grandhotels, die wir so gern als unsere Adressen angeben.

Mit einem melancholischen Lächeln führt er uns bis in die hintersten Kammern zurück, wo wir immer noch – im Haß wie in der Liebe – die guten alten Kannibalen des Anfangs geblieben sind. – »Le chaïm!« begrüßt uns Abraham Gabriel Jehoschua hier, am Türpfosten dieser Herzkammer gelehnt, und hebt uns sein Glas entgegen: »Le chaïm! – Auf das Leben!«

(1992)

6

Das Auge Galiläas

Was Jerusalem für das Judentum ist, ist der See Genezareth für das Land Israel und Palästina: eine unversiegbare Quelle. Dazu lassen sich mehrere Geschichten erzählen.

Kurz bevor die Römer im Jahr 70 Jerusalem stürmten, stellte Rabbi Jochanan ben Zakkai sich tot. Er ließ sich von seinen Schülern einwickeln, mit stinkenden Lappen zwischen den Binden, und aus der abgeriegelten und belagerten Stadt hinaus in die Freiheit tragen. So überlebte in ihm die jüdische Gelehrsamkeit die Zerstörung Jerusalems. Als er später wirklich starb, wurde er in Tiberias in Galiläa begraben. Da liegt er jetzt noch, zusammen mit anderen Leuchten der Lehre, die seine Schüler und Schülerschüler waren, wie der enthäutete Rabbi Akiba, den die Römer mit Eisenkämmen zu Tode geschunden haben, weil er Bar Kochba zum Messias erklärt hatte. Denn dieser »Sternensohn« war im Jahr 135 der endgültig letzte jüdische Rebell gegen Rom, er brachte das selbstmörderische Ende über das antike Israel.

Aber auch der Beginn der Befreiung und Wiedergeburt Israels nach mehr als tausendachthundert Jahren fand in Tiberias statt. Das war am 19. April 1948, als die arabische Bevölkerung aus Furcht vor der jüdischen Überlegenheit diese Stadt schon einen Monat vor der Unabhängigkeitserklärung räumte.

Ich kannte Tiberias nicht und wollte es auch nicht kennenlernen. Aber Anfang April gab es nur dort ein Hotelbett in dieser Gegend, wo ich vor allem das Galiläische Meer sehen und einmal in meinem Leben die »Lilien des Feldes« in ihrer Blüte erleben wollte. »Interessiert das denn irgend jemanden?« Jehuda Sandberg sah mich verwundert in dem überquellenden Office seines kleinen Hotels an. »Ich denke doch schon«, murmelte ich. Der Yam Kinneret, der See Genezareth, der See von Tiberias – das sollte keinen interessieren? Das »Auge Galiläas« ist doch ein Gewässer aus der Kindheitserinnerung der Menschheit, in der am tiefsten gelegenen Landschaft der Erde. Schlafwandlerisch hätte ich den unbekannten Weg hierher nehmen können: die Straße von Tel Aviv hinauf nach Jerusalem, von Jerusalem hinunter nach Jericho und dann immer flußaufwärts den Jordan entlang. Doch eigentlich wußte ich jetzt schon, daß ich nicht wußte, worauf ich mich mit dieser Geschichte eingelassen hatte. Es war verrückt gewesen hierherzukommen.

Ich hatte es am Morgen gespürt, als der See zum erstenmal durch die Bäume schimmerte. Im selben Moment flatterte ein Eisvogel neben der Straße auf, blau wie ein Stück des Himmels, ein fliegender Edelstein. Grober Maschenzaun versperrte den Weg zum Ufer. Ich umklammerte den Draht und starrte auf die

Wasserfläche. Zwei Flamingos standen in den Wellen, und ich sah gleich: Dieser See ist viel zu groß für ein Bild, für eine Geschichte, er paßt in keinen Rahmen. Und doch war ich dann in einer Stunde schon einmal ganz um ihn herumgefahren, hatte zweimal den Jordan überquert und weit im Norden den schneebedeckten Berg Hermon wie eine rötliche Wolke im Himmel thronen sehen, mehr Ahnung als Wirklichkeit.

Schakale huschten im Osten am Fuß des Golan über die Straße. Ein Tier wie ein Biber beäugte mich reglos von einem Stein aus. Vogelschwärme flimmerten in der Luft wie Schuppen eines Fisches. Der See glänzte türkis, seidig. Ich warf flache Steine über das Wasser. Sie kamen nicht weit. Nach zwei, drei Sprüngen verschwanden sie in den Wellen. Drei Jäger in offenen Uniformjacken hatten sieben blutige Gemsen über den Kühler ihres Jeeps geworfen und brieten über einem Kohlefeuer die ausgenommenen Innereien, die sie mit einem Schluck Arrak hinunterspülten. In einer lauwarmen Quelle daneben tummelten sich kleine Krebse. In regelmäßigen Abständen hingen blaue Müllsäcke am Ufer.

Ich versuchte, den Geruch des Sees zu erkennen: vergeblich. Ich sah nur wenige Siedlungen und fuhr fassungslos an Straßenschildern mit Ortsnamen vorbei, hinter denen es keine Orte gibt: Kapharnaum, Magdala, Bethsaida. Jetzt hatte ich auch schon die Lilien des Feldes gesehen. Diese Lilien sind nicht nur Blumen, sondern ein Berg voller Blumen, ein Tal voller Blumen, eine Ebene voller Blumen, weiß, gelb, rosa, rot, blau, violett, leuchtend in allen Farben des

Regenbogens. Dahinter sind all diese Hügel und Hänge irisch grün, aber so, daß auch die Gräser noch wie Blumen wirken. Der Mohn ist blut- und purpurrot, und die Namen all der anderen Blumen kenne ich schon nicht mehr. Ganz Galiläa blüht in diesen Tagen, und mehr noch der fast unberührte Golan. Der Wind mischt ständig neue Schattierungen unter die Farben.

Das Kuppelgrab Rabbi Meirs, der seine Tinte seinerzeit mit Kupfersulfat mischte, um der Schrift einen besonderen Glanz zu verleihen, liegt vor Tiberias in einem Hang voll leuchtender Lilien oder Löwenzahn oder Margeriten, ich weiß es nicht. Ich wußte nur, daß ich genausogut hätte zurückfahren können, als ich im Hotel die Koffer auspackte. Ich hatte schon alles gesehen, was ich mir hier anschauen wollte.

Denn ich wollte ja, wie gesagt, nicht eigentlich Tiberias besuchen. Kulinarisch hat die Stadt nichts zu bieten. Ihre Sehenswürdigkeiten sind nicht das, was die Reiseführer versprechen: ein verwaistes Minarett, eine größtenteils umgelegte Stadtmauer der Kreuzfahrer, die Reste einer alten Fischerstadt zwischen neuen amerikanischen Hoteltürmen, die verstreuten Gräber der Rabbiner – in deren Pavillons Kinder spielen, die instinktiv mit ihrer Linken den Hinterkopf bedecken –, verschlossene alte Kirchen, eine Art Fußgängerzone, eine Seepromenade, Seerestaurants, Bars und ein koscherer McDavidburger. Die Stadt könnte an der Riviera liegen, wenn sie in ihrem Zentrum nicht so sehr mit hebräischen Reklametafeln übersät wäre.

Jehuda Sandberg ist 1933, da war er zehn, mit seinen Eltern aus Hamburg in diese Hafenstadt eingewandert. »Haben Sie noch Verwandte in Deutschland?« frage ich ihn. »Nein, nein, die sind alle ausgestorben«, sagt er. Seine Frau ist Rumänin. Evelyne, eine ergreifende Schönheit aus Marrakesch, händigt mir an der Rezeption mit einem amüsierten Lächeln die Schlüssel aus. Neben den neuen Bettenburgen am Seeufer steht ein altes Hotel »Polonia« wie vergessen am Ortseingang. Ein Russe massiert mich später in den heißen Bädern, ein Grieche bringt danach den Mokka. Ein Schneider sieht so aus, als habe er die Relativitätstheorie entdeckt, und ein Diamantenhändler, als sei er ein eingeborener Panzergeneral. In der Jordanstraße streitet ein Iraki mit einem Iraner um den Verkauf eines Korbes voller Fische.

Der Deutsche, die Rumänin, die Marokkanerin, die Amerikaner, die Polen, der Russe, der Grieche, der Iraki, der Iraner, sie sind alle Juden, jetzt Israelis. Die Bevölkerung ist mit allen Wassern gewaschen, mit dem des Jordan sowieso, aber auch mit dem des Hudson, des Euphrat, des Nil, der Elbe, der Weichsel, der Moskwa. Darum sind sie auch schon sehr früh an diesen See gekommen.

In der Zeitung hatte ich gelesen, daß die Araber seit kurzem die Mehrheit der Bevölkerung Galiläas stellen. Doch hier in Tiberias sehe ich sie nur an der Bushaltestelle und auf Bänken, an den Rändern der Stadt – und später rings um den See in Seitentälern und winzigen Weilern. Muezzins singen nur noch im Radio. Der alte christliche Friedhof ist ein mit mannshohem Gras bestandenes Trümmergrundstück vor einer Tankstelle inmitten der Stadt, aus dem einzelne rostige Gitter hervorragen. Die Inschriften der verwitterten Grabsteine zählen zu den letzten arabischen Schriftzeichen der Stadt. In einem Fotogeschäft daneben läßt sich eine Braut in Weiß ablichten. Als ich sie durch das Schaufenster anlächle, setzt sie sich auf dem Stuhl zurecht, als wolle sie mir ihr Jawort geben. In einem Café auf dem Unabhängigkeitsplatz erzählt mir ein polnischer Rabbi, der Glaube sei verbreitet, daß der Messias bald komme. Dennoch ruht diese Stadt nur am Sabbatbeginn für wenige Stunden. Am späten Abend haben die Discos schon wieder geöffnet, und in der Nacht, wenn alles schläft, braten bei den Booten wieder Fischer ihre ersten Fische über kleinen Feuern am Kai.

Ich esse den Petersfisch am nächsten Tag auf der anderen Seeseite in En Gev, einem Kibbuz, das sich auf die wunderbar ertragreiche Vermehrung und Aufzucht dieses Leckerbissens spezialisiert hat. Achtzehn neue Schekel kostet das Stück. Da die Dampfer aus Tiberias gleich vor dem Restaurant anlegen, muß der tägliche Reibach nicht übel sein. Touristikprospekte haben mich zu diesem Mahl verführt. Die Weibchen dieser Barschart sollen ihren Laich im Maul der Männchen ablegen, die den Nachwuchs auch dann noch schützen, wenn er schon selber schwimmen kann. Droht den Vätern Gefahr, spucken sie die Kleinen in einem silbernen Strahl aus, ist die Gefahr vorüber, saugen sie sie wieder ein. Das Anrührende dieses patriarchalischen Brutverhaltens übertrifft allerdings bei weitem den Geschmack des Fischs – zumindest wenn er, wie hier, der Umsatzsteigerung halber kurzerhand in die Friteuse geworfen wird. Er ist fast geschmacklos, trocken und grätenreich. Der überlastete Kellner kommt schon mit der Rechnung, bevor ich beim Schwanz angelangt bin.

Die Kibbuzim halten mit wenigen Genossenschaftssiedlungen den See gleichsam in ihren Händen: Ginnosar im Westen, Deganya Aleph – der erste und älteste Kibbuz ganz Palästinas – im Süden, Almagor im Norden, und eben dieses berühmte En Gev im Osten, für viele Jahre als einzige Siedlung Israels auf dieser Seite, fast völlig schutzlos unter den Geschützen und MG-Nestern der Syrer auf den Hängen des Golan darüber. Mit sicherem strategischen Instinkt, so scheint es, haben sich die ersten jüdischen Siedler bei ihrer neuen Landnahme nach dreieinhalb Jahrtausenden jedenfalls zuerst an diesem Gewässer festgesetzt, an dem die Herren des Wassers schon immer auch die Herren des Landes waren. Jetzt haben sie die Ufer in Gärten verwandelt, mit Palmenplantagen in Reih und Glied, mit Bananen- und Ananaspflanzungen, und haben die Sümpfe mit Eukalyptushainen trockengelegt. Sie haben das treibende Chaos der Natur hastig neu geordnet und fügen sich mit Fertigbauscheunen und Wellblechbaracken in das Weichbild der Landschaft als kollektive Großgrundbesitzer ein. Sie legen Vergnügungsparks und Rosenbeete an, züchten und vermieten stolze Araber, lassen gefleckte Holsteiner auf den fetten Hängen weiden und haben darüber allen urbanen Vergnügungen oder gar kultischem Glanz entsagt. Es ist faszinierend, aber so charmant wie eine Kantine.

Draußen vor En Gev setze ich mich in das Kiesbett auf die Kiesel am Ufer und sehe den Wellen zu, wie sie, eine nach der anderen, vom Westen herübergerollt kommen. Der See liegt tiefer als alle anderen, zweihundert Meter tiefer als die Mittelmeerküste. Sein Bett ist ein riesiger Riß in der Erde, der sich seit seiner Entstehung immer weiter öffnet. Durch diese Kerbe vor allem ist der kleine Landstrich im Westen so tief aus allen Landkarten herausgeschnitten, als hätte der Schöpfer selbst unsere Erde hier für alle Zeit wie mit einem Messer gekennzeichnet: als sein Eigentum. Rechts, im Norden, kann ich von hier aus mit bloßem Auge erkennen, wo diese Senke kurz vor dem See über dem Jordandelta in die Tiefe abfällt. Sie zieht sich von hier aus über den Golf von Akaba bis hinüber nach Afrika. Im Süden fließt der See über den Jordan deshalb zuerst noch einmal doppelt so tief ab, um hinter Jericho in dem Asphaltmeer nicht gerade in den Himmel, aber doch nach oben, in die Atmosphäre zu münden. Denn dort verdampft und verdunstet das Wasser in dem Backofen zwischen den Wüstenbergen Moabs und Judäas. Hier ist das Wasser voller Leben, dort unten nur salzig und tot. Mir kommt die Landschaft vor wie ein Gleichnis, aber kann es natürlich nicht deuten. Ich wünsch mir einen Sturm auf dem See, aber es kommt keiner. Nur ganz leicht biegt sich da vorne ein wenig Schilf im Wasser, dessen Wellen hier dieses Urgestein menschlicher Besiedlung umspülen.

Geologisch und tektonisch ist das Tal jedoch eine der jüngsten und beweglichsten Gegenden des blauen Planeten. Darum öffnen sich die Schluchten und

Schlünde der Hügel um diesen See im Vorbeifahren auch wie der Faltenwurf eines Mantels – und wie die Ahnung, daß dieser Faltenwurf jederzeit neu geordnet werden könnte. Heimlich wünsche ich mir zum erstenmal in meinem Leben ein Erdbeben.

Ich umkreise den See viele Male, Tag und Nacht. Ich sehe, wie sich das Auge Galiläas nachts unter dem Mondlicht weitet, und sehe, wie seine Farben tagsüber alle Zwischentöne der Iris spiegeln. Das Erdbeben bleibt aus, dafür bekomme ich Fieber. Ich steige auf die Hügel, streife durch die Täler und stolpere über Reste römischer, rabbinischer und byzantinischer Kultur. Sie sind alle gleichermaßen schwarz, aus Vulkangestein, so grau und schwarz, wie der Kalkstein Judäas weiß und rosa ist. Schreckhafte Hunde streichen hinter mir her. Über En Gev, auf dem einsamen Hügel Susita, stehe ich mitten im Gestrüpp plötzlich in den Resten einer alten Basilika, wo ich unwillkürlich meinen Hut abnehme. Mit dem bloßen Fuß kann ich dort alte Mosaike freischaufeln. Eine zersprungene Ölpresse befindet sich unmittelbar neben dem Kirchenraum. Bienen summen zwischen den zerbrochenen Säulen über dem Klee. Das sind die Reste von Hippos, einer Bischofsstadt, einer Universitätsstadt, Hauptstadt der alten Dekapolis. Verlassener können Ruinen kaum sein. Nur einige Unterstände der Militärs in der Nähe sehen so aus, als könnten sie gleich wieder bezogen werden.

Westlich des Sees, nördlich von Tiberias, fällt der Berg Arbel jäh wie eine weit anlaufende erstarrte Flutwelle zum See hin ab und öffnet einen dramatischen Spalt zum Tal der Tauben hinunter, über dem heute in der Tiefe Falken kreisen. Eine Hirtenflöte zeigt mir, daß ich nicht ganz allein bin. Hier oben soll sich nach einer alten jüdischen Legende der Messias offenbaren. Da unten hat er sich schon längst offenbart, sagen die Christen: damals, als der Zimmermann Jesus von dem knapp fünfzig Kilometer entfernten Nazareth her durch das Tal der Tauben hier zum erstenmal auf diesen See stieß, bei Magdala, in der Ebene Ginnosar. Er kam am Ende der Zeiten, sagen sie, nach einer halben Ewigkeit und zweitausend Jahren jüdischer Offenbarungsgeschichte: Er kam zu unserer Zeit.

Da unten – am nordwestlichen und fischreichsten Ende des Sees – liegt deshalb das ganze »evangelische Dreieck«. Bei Markus fängt dort das Evangelium an. Das Licht, der See, die Silhouetten, damals sahen sie nicht anders aus. In knapp drei Jahren hat damals der junge Jesus wie Gott selbst in diesem winzigen Zipfel von ein paar Quadratkilometern den Lauf der Welt verändert. Die Lilien des Feldes? Er muß in dieser Jahreszeit, im Frühling, vielleicht kurz vor Ostern, von ihnen gesprochen haben. Die Vögel des Himmels? Der Eisvogel, denke ich. Auch er muß diesen Eisvogel gesehen haben. Das Salz der Erde? Die heißen Quellen bei den Bädern sind so salzig, als spülten sie hier heute noch das Salz der Meere des Tohuwabohu aus der Tiefe des Erdinnern nach außen. Warum kam er aber gerade hierhin? Vielleicht, weil er klug wie eine Schlange war. Dort hinten konnte er sich jedenfalls auch jederzeit über den Jordan, der damaligen Grenze, dem Zugriff des Fuchses

Herodes entziehen, der in Tiberias saß. Hier ist der äußerste Winkel Galiläas.

Ja, diese nördliche Bucht des Sees war sein See, an dem die Städte und Dörfer von damals längst nur noch als Trümmerhaufen in archäologischen Gärten liegen, hinter Türen, die abends von Pförtnern geschlossen werden. Von dem großen Magdala direkt unter dem Arbelfelsen ist kaum mehr als das Ufer übriggeblieben, in dessen Fluten sich einmal Maria Magdalena mit ihrem Schmuck gespiegelt haben mag, mit ihren Ketten und Armreifen. Es ist spät geworden. Eben schiebt sich der Mond über die riesige Felswand, geradeso, wie auch sie ihn gesehen haben muß, wenn ihre sieben Dämonen sie nicht schlafen ließen. Hat sie mit ihren dunklen offenen Augen vielleicht dort drüben unter der Tamariske gelebt und gelegen? Ein Schwarm Störche zieht weiter hinten durch die Nacht zum See hinunter. Der Schlaf flieht hinterher. – Maria aus Magdala! Trugst du vielleicht einen Kamm im Haar? Sahst du wie Eva aus, oder wie Evelyne, die Marokkanerin an der Hotelrezeption, schön wie Shulamit? Von den Hügeln her höre ich einen Löwen brüllen, obwohl es doch völlig unmöglich ist. Ich könnte zum Sterben erschrecken und bin es auch schon, schweißgebadet. Es ist das Fieber. Es ist der Mond. Jesus, Maria! Was soll hier völlig unmöglich sein?

Im Tageslicht des nächsten Morgens halte ich bei Bethsaida nicht einmal mehr den Wagen an. Das Heimatdorf von Jakobus, Johannes, Petrus und Philippus ist im Sumpf des Jordandeltas versunken. Ich stoppe erst kurz vor der rumpelnden Arik-Brücke.

Jetzt, zur Zeit der Schneeschmelze auf dem Hermon, schießt der Jordan mit dem Druck einer offenen Schlagader unter der Brücke zum See hin. Dann fahre ich zu dem bogenreichen Chorazin über dem See, der blinden Stadt, die leer, schwarz und einsam in den grünen Hügeln liegt.

Eine Viertelstunde später finde ich in der neuen Pilger-Basilika bei den sieben Quellen ein kunstvolles Hakenkreuz in den uralten Mosaiken. Drei, vier Meter davon wird unter dem Altar der Stein verehrt, auf den Jesus die Brote und Fische gelegt haben soll, von denen einmal zwölf und einmal sieben Körbe übrigblieben, zwölf Körbe für die Stämme Israels und sieben Körbe für die siebzig Nationen der Antike. Ich verstehe dieses Zeichen so wenig wie das Hakenkreuz. Vielleicht aber haben es dafür die Kibbuzniks wieder verstanden, die als verschwindend wenige fast allein ihr ganzes Land ernähren. Vielleicht hat der Erfinder der Tropfenbewässerung, mit deren Hilfe hier die Wüsten wieder grün werden, dieses Wunder begriffen. Die Busladungen voller Pilger stehen hingegen immer nur ergriffen vor diesem Stein. Rein touristisch gesehen, ist der Sohn der Maria längst zum wertvollsten Mitbürger Israels geworden.

Nur zwei Kilometer weiter stoßen die Busse dann auf »sein Dorf«. Kein Ort – außer Jerusalem – wird in den Evangelien so oft wie Kapharnaum erwähnt. Denn er war immer wieder dort. Es ist unglaublich, wie winzig es war: ein Nest ohne jede Wasser- oder Abwasserstelle. Das Fehlen jeder Befestigung zeigt, daß das Dorf nicht einmal Eroberer reizte. Jetzt ist es heiß in den trockenen Ruinen. Es roch gewiß streng, als diese engen Häuser und Gassen noch alle bewohnt und belebt waren. Ein paar Palmen geben ein wenig Schatten, wie sie es, in Stein gehauen, auch auf den Prunkkapitellen der Synagoge inmitten der Ruinen tun. Es war die prächtigste Synagoge ganz Galiläas, die hier voller Bedacht und herausfordernd einmal in dem weißen Stein des Jerusalemer Tempels über den schwarzen Fundamenten eines früheren Lehrhauses errichtet wurde, das ein römischer Besatzungsoffizier um die Zeitenwende dem Dorf gestiftet hatte.

Der Hartherzigkeit seiner Bewohner wegen hat Jesus am Ende seiner Tage dieses Dorf dann zusammen mit Bethsaida und Chorazin verflucht, aber besonders dieses Kapharnaum. Noch später hat ein gewisser Rabbi Issi von Cäsarea das Dorf noch einmal verflucht, diesmal der abtrünnig gewordenen Juden wegen, die sich hatten taufen lassen. Die Synagoge scheint unter der Last dieser Flüche ebenso in Stücke zerborsten wie die älteste Hauskirche der alten Judenchristen, die einen halben Steinwurf weiter von ihr ausgegraben wurde: eine der denkwürdigsten Kirchen der Christenheit. Unter ihrem achteckigen Fundament hat man vor kurzem erst das Haus des Fischers Schimon entdeckt, dessen prächtige Grabeskirche heute ganz Rom überschattet – mit Angelhaken, Öllampen und der Feuerstelle, an der jener über drei Jahre hinweg so oft gesessen haben muß, den die Wächter der Lehre später nur noch den »Verführer« nannten.

Erst Ende der sechziger Jahre wurden beide identifiziert, freigelegt und bis heute soweit wie möglich wiederaufgebaut: die alte Synagoge und die frühe Kirche. Die Ausgrabungen sind sensationell: Steine, Steine und nochmals Steine, alle so tot, wie nur Steine sein können. Aber »das Kind ist nicht tot«, ist hier einmal zwischen diesen Basaltbrocken gesagt worden, »es schläft nur«. Und dann nahm der Gast des Petrus das tote Kind bei der Hand und sagte: »Talitha kum! Mädchen, steh auf!« – Auch damals schimmerte der Silbersee wie heute durch die Bäume. Doch was ist nur aus dem Mädchen geworden? Jetzt raschelt das Laub der Eukalyptusbäume am Ufer wieder leise im Wind: Talitha kum!

Mädchen, steh auf!

Vor meiner Reise hatte mir ein schriftgelehrter Freund gesagt, daß es eine Bergpredigt in unserem Sinn wahrscheinlich gar nicht gegeben habe, daß der Text der Bergpredigt nur eine Sammlung der neuen Schriftauslegung sei, die dieser Zimmermannssohn in die Welt gebracht habe. Hier sagen die Hügel vor Kapharnaum und über Tabgha aber, daß es natürlich eine Bergpredigt gab, wenn nicht sogar zwei, drei, vier oder noch mehr. Wo sonst hätte er im Freien zu einer größeren Menschenmenge reden sollen? Matthäus sagt: »Er stieg hinauf auf den Berg.« Lukas schreibt aber: »Er stieg hinab, erhob seine Augen zu seinen Jüngern und sagte: Selig die Armen!« Dann darf ich ja wohl so naiv sein, zu denken, daß es hier war, wo ich jetzt stehe, in der Mitte des Hügels, an diesem Stein vielleicht, in einer Mulde, die sich wie eine große Muschel vor dem Felsblock öffnet, auf den ich mich gesetzt habe. Die Menge seiner Zuhörer kann ja nicht viel größer gewesen sein als die Anzahl derer, die eine menschliche Stimme erreicht. Ich faß es nicht. Herr im Himmel! Der Blick auf den See ist herrlich. Die Gräser biegen und wiegen sich wie seit Anfang der Zeiten, die Mücken tanzen, der Fels tritt aus dem Hügel wie ein Knochen aus dem Gras. Eine auf und nieder steigende Lerche ist meine einzige Begleiterin. Das ist also der neue Sinai. Dieser Stein hat die Sternstunde der Menschheit erlebt.

Bar Anascha aber und nicht Bar Kochba, »Menschensohn« und nicht »Sternensohn«, nannte sich Jesus selbst, der erste und letzte vollkommen Ungeteilte und Ungespaltene. Einen wie ihn wird es nie wieder geben. Wie viele sind aber wohl nötig, um diesen Unersetzlichen jemals zu ersetzen: siebzig, siebenhundert, siebentausend, sieben Millionen, sieben Milliarden? Wie viele brauchen wir wohl, um jemals die Vergebung der Sünden durchzusetzen, zu der der Dreißigjährige uns hier die Vollmacht erteilt hat? Vielleicht haben wir uns früher einmal darauf verlassen. Wirklich geglaubt haben wir nie daran.

So haben wir inzwischen die Sünden selbst abgeschafft: Wir sind alle unschuldig.

Wir brauchen keine Vergebung. Wir kennen sie nicht.

Der Menschensohn ist gescheitert, heute und damals, bevor er sich von hier aus zur ältesten und tiefsten Stadt der Erde, nach Jericho, aufmachte, um von dort zu seinem letzten Scheitern nach Jerusalem und immer höher hinaufzusteigen.

Hier aber – und nicht im Tempel –, hier, zwischen diesen Büschen, hat er zuvor den letzten Herrschaftswechsel ausgerufen. Hier wurde uns das Schicksal der

Erde in die Hände gelegt. Keiner sollte mehr über uns herrschen, nur Gott.

Aber was mag er wohl gedacht haben, wenn sein Blick von hier aus nach Südwesten ging, auf den Berg dahinten, der sich in dieser Gegend inzwischen wie eine Barrikade zwischen ihm und uns erhebt?

Wie das Korn zwischen der Kimme liegen hinter dem Tal der Tauben die »Hörner von Hittim«, bei denen vor achthundert Jahren das verdurstende Heer der Kreuzfahrer von Saladin vernichtend geschlagen wurde. Das war das Ende des christlichen Königreichs Jerusalem. Nichts als Blumen und Geröll und hier und da eine verrostete Rolle Stacheldraht bedecken auf dem verlassenen Hügel die Stelle, wo Salah ed-Din an jenem Sommerabend den geschlagenen König Guido mit einer Schale schneegekühlten Rosenwassers und den wortbrüchigen Rainald von Chatillon mit einem Schwertstreich bedachte. Die Chronisten des großen Kurden aus dem kleinen Dörfchen Takrit im heutigen Irak berichten überschwenglich von dieser gespenstischen Szene, in der zugleich mit einem notorischen Strauchdieb auch die bis heute größte Vision Europas enthauptet wurde.

Denn natürlich waren die Kreuzfahrer unaufgeklärt und nur selten sehr edel. Das Vaterunser mochten viele von ihnen kaum auswendig kennen, und unter dem Wort »Reich« haben sie sich gewiß alles mögliche vorgestellt. Sie waren Großmeister des Mißverständnisses und der Verirrungen. Dennoch waren sie auch die letzten, die für eine gemeinsame Hoffnung Europas noch einmal allesamt Kopf und Kragen riskierten. Ganz Europa war zu dieser Zeit zionistisch. Als aber der Staat Israel in unserem Jahrhundert neu gegründet wurde, war in Europa nicht einmal mehr ein Funken jenes Glaubens an die alten Verheißungen übriggeblieben.

Denn mit dem Scheitern der Kreuzfahrer und ihrer Vision an eben jenem Juliabend fing ja hier auch die unheilvolle Nationalgeschichte der Europäer an, deren mörderischster und letzter Exzeß schließlich die Geburtswehen Israels vorbereitete. So lassen sich inzwischen nur noch die Ironien unserer Unheilsgeschichte als letzte Zeichen einer vergessenen Heilsgeschichte lesen.

Denn verrückt ist es ja schon, daß die Christen, die ein internationales Reich und Volk schaffen wollten, den Nationalismus hervorbrachten und daß die Juden, die als letzte einen Nationalstaat wie alle anderen Völker wollten, dafür als erste und einzige eine internationale Nation formen mußten und müssen, wenn wir einmal von dem »amerikanischen Zufall« absehen wollen.

Die Kreuzfahrer aber nahmen damals nur das Symbol der Lilien aus diesem Land in jene Geschichte mit, in deren Verlauf sich die Bourbonen ihren Mantel schließlich über und über mit der Blume besticken ließen, von denen doch jede einzelne schöner sein sollte als Salomon in all seiner Pracht. Der Nationalismus war von vornherein auf Größenwahn gebaut.

Es ist genug, zuviel, zuwenig. Ich habe mich nicht getraut, in Tiberias den schweigsamen Fischer mit dem kleinsten Boot zu bitten, daß er mich frühmorgens mit hinausnehme. Ich bin nicht über den See gefahren. Vielleicht habe ich diesem Wasser selbst nicht getraut. Ich bin immer nur ruheloser geworden und hätte schließlich in einem fort um diesen Silbersee herumfahren können, dessen Schatz so schwer ist, daß ihn keiner allein heben kann. Mehr und mehr fühle ich mich von dem Auge Galiläas, das zu betrachten ich gekommen bin, selbst angeschaut. Was soll ich von dieser Küste im Landesinnern also mit nach Hause nehmen: ein paar Kiesel, eine Handvoll Wasser, mein Fieber? Was soll ich hierlassen?

Einer der franziskanischen »Wächter des Heiligen Landes« hatte in einem Eukalyptushain erzählt, diese Landschaft sei gleichsam das fünfte Evangelium, das die ersten vier kommentiere und verständlich mache. Da mag etwas dran sein. Denn nach nur einer Woche spüre ich, wie ich hier schon auf dem Trockenen absaufe. Seele Galiläas, Herz Galiläas, welch ein Unsinn! Es ist Wasser, nichts als Wasser, ein großes Becken voller Süßwasser. Die letzten Jahre war die Furcht groß, der See könnte austrocknen. In diesem Frühling ist er wieder vollgelaufen. Vielleicht verdampft er eines Tages noch einmal. Vielleicht reißt der Graben, in dem er liegt, noch einmal ganz auf – und das Wasser verkocht. Ja, er hat unser Vaterunser erstmals gehört. Aber das heißt doch nichts; ein See kann nicht hören. Er war damals schon hier, aber ein See kann doch auch nichts bezeugen.

Eine jüdische Legende erzählt, daß der Fels, aus dem Moses in der Wüste das Wasser schlug, von da an die Israeliten auf ihrer Wanderung begleitet habe, um schließlich im Land ihrer Verheißung diesen See von seinem Grund her unversiegbar zu speisen. Mir

kommt der See jetzt hingegen eher vor wie eine glän-
zende Träne Gottes, von der sich der heimgekehrte
Rest jenes Volkes ernährt, von dessen Blut die Völker
solange gesoffen haben. Er ist die Zisterne Israels
und Palästinas; ja, damit ist er für den steinigen
Boden dieses Landes auch das, was Jerusalem für das
Judentum ist.

Am letzten Tag ist der See inmitten der Lilienfel-
der zum erstenmal wirklich ein Meer geworden. Alle
Küsten verschwimmen am Morgen im fernen Dunst.
Alle Straßen gehören mir ganz allein, als ich mich
noch einmal zu dem Berg aufmache, zu meiner Stelle, zu meinem Felsen, in diese Blütenpracht hinauf,
wie sie flüchtiger und vergänglicher nicht zu denken
ist. Sie verblüht vor meinen Augen. Bevor der Mond
wieder voll ist, wird die Sommerhitze alles versengt
haben. Der resigniert-melancholische »Windhauch«
des Buches Kohelet, auf diesem Hügel flüstert er als
Dauergast: »Alles ist Windhauch.« Jetzt aber steigt
meine Lerche wieder neben mir auf und nieder, die
Gräser wiegen sich wie unter einer Melodie.

Lange, lange kann ich meinen Blick nicht von dem
See lösen, von Kapharnaum nicht, vom Garten Ginnosar, von dem Ufer vor Magdala, vom Arbel-Felsen,
von den Hittim-Hörnern. Es ist zum Heulen schön.
Ich weine hier aber schließlich nicht der Schönheit
wegen. Das kann doch alles gar nicht wahr sein, was
hier verkündet wurde, denke ich nur immer wieder
und reiße eine Blume ab, während ich mir die Nase
wische. Die Lachenden lachen nur immer frecher,
den Weinenden gehen die Tränen aus, die Unfreund-
lichen erben die Erde, die da unten schon von Waffen

starrt. Keiner sättigt die Hungernden und Dürstenden. Keiner vergibt unsere Sünden. Das kann doch
alles gar nicht wahr sein! Es gibt kein Volk auf der
ganzen Erde, das diese Verheißungen wahr macht,
die doch den Lebenden und nicht dem Jenseits gelten. Denn es sind doch unsere Tränen, die da gemeint
waren. Tote haben keine Tränen.

(1987)

7

Unter dem Hermon

Von Damaskus in Syrien bis zum oberen Jordan in Israel sind es knapp hundert Kilometer, und bis Kuneitra, der Hauptstadt des Golan, über die der Weg dorthin führt, nur knapp siebzig Kilometer. In weniger als einer Stunde könnte man von Damaskus aus dort sein. Doch Kuneitra ist eine Geisterstadt, seit die »zionistischen Aggressoren« sich am 12. Mai 1974 aus ihr zurückgezogen haben: Hauptstadt eines Niemandslandes zwischen hochbrisanten Fronten. Dorthin kommt man seitdem von der syrischen Seite her nicht mehr so schnell, von Israel aus führt überhaupt keine Straße dahin. Kuneitra ist ein einziger Trümmerhaufen.

Nur zwei oder drei Familien kümmern sich heute noch um die vielen Obst- und Nußbäume in dem Ruinenfeld. Schäfer und Hirten treiben ihre Tiere durch die Häuser. Hin und wieder taucht eine UN-Patrouille in den verwaisten Straßen auf; nirgendwo sonst garantieren die Vereinten Nationen den Frieden so erfolgreich wie hier. Dann weht wieder der Wind allein durch die verwaisten leeren Straßen. Ja, Kuneitra ist eine Geisterstadt. Bevor die Israelis die Stadt damals verließen, die sie schon 1967 erobert hatten, haben sie kaum einen Stein auf dem anderen gelassen. Ein Haus nach dem anderen wurde in die Luft gejagt. Kuneitra wurde seitdem jedoch nicht etwa vergessen, die Stadt in Trümmern liegt im Gegenteil in einem Zentrum der Aufmerksamkeit. Syrien kultiviert die Ruinen als einen Erinnerungspark.

Dennoch ist Antichambrieren und Warten – auf Genehmigungen, Empfehlungen einer Genehmigung, Gegengenehmigungen, Terminabsprachen, Gegenterminabsprachen, Festlegungen der Fahrtrouten, Abfahrtzeiten – fast eine der Hauptbeschäftigungen jeder Reise nach Kuneitra in der syrischen Hauptstadt. Die Hindernisse sind so zahlreich wie die Kontrollen und Sperren unterwegs, schon viele Tage vor der Abfahrt. Wir warten in den Straßen von Damaskus, in Taxis, in Aufzügen, in Hotellobbys, in Treppenhäusern, in der Botschaft, bei den UN-Stellen – tagelang – und lernen überall ein bißchen mehr von diesem rätselhaften Landstrich und dieser uralten Weltstadt kennen. Geschenkte Zeit.

Gestern beim Abendessen sagte Dr. Habib, der Haupteinwand gegen den jordanisch-israelischen Friedensprozeß sei die Eile, mit der er nach vierzig Jahren Krieg durchgeführt werde. Jeder wolle Frieden. Aber Eile sei doch noch nie zu irgend etwas gut gewesen.

Dr. Habib, der Berater der saudischen Königsfamilie, ist ein ausnehmend kluger, belesener und besonnener Mann. Sein Englisch ist perfekt, seine Manieren sind beschämend blendend. Er hatte einen jüngeren prinzhübschen Verwandten dabei, märchenhaft schön, im weißen Burnus, der den Abend lang kaum etwas anderes tat, als mit reizenden Bewegungen das Kopftuch über den Rücken zurechtzuwerfen. Es war eine Lust, ihm zuzusehen.

Doch vollendet höflich ist fast jeder, den wir kennenlernen – und die Überraschung darüber scheint besonders unter den europäischen Ausländern, die hier leben, nachgerade allgemein. Damit hatte keiner gerechnet. Nein, die Syrer, die sind einfach großartig. Dem Urteil können wir uns nur anschließen. Schon das feine Lächeln in den Zügen Herrn Taleb Amins, unseres Ansprechpartners im luftigen Büro der obersten Etage des Informationsministeriums, straft unsere – zugegeben – geheimen Befürchtungen Lügen.

Ach, der durchtrainierte Herr Amin, in seinen gutgeschnittenen Anzügen, so kultiviert, so gebildet, so liebenswürdig. Ja, ein Großteil unseres Weges führt leider über die Flure seines Ministeriums; er bedauert es selber. Herr Amin hat für all unsere Anliegen immer Verständnis. Für jeden unserer Schritte zum Golan müssen wir uns neu mit ihm in Verbindung setzen. Allein dürfen wir natürlich nirgendwo in die Militärzone hinfahren, das dürfen ja nicht einmal die Syrer, sofern sie nicht da wohnen.

Fünf Geheimdienste sollen das Land fest im Griff haben, hatten wir vor unserer Ankunft mit Schaudern gelesen. Nun sehen wir erleichtert, daß der Polizeistaat zumindest ohne deutsche Polizisten auskommen muß. Es ist also keineswegs ein deutscher Polizeistaat. Und auch bei den Geheimdiensten handelt es sich also ganz und gar nicht um fünfmal die Staatssicherheit oder fünfmal die Gestapo. Selbst von »geheim« kann bei ihnen kaum die Rede sein; sie sind völlig offen – so offen wie das Lächeln Herrn Amins. Wenn wir morgen früh da sind, erklärt er uns heute, werden wir schon um 9 Uhr 30 im gleichen Haus eine entsprechende Erlaubnis und einen Begleiter antreffen, der schon seit zwanzig Jahren die deutschen Journalisten begleitet.

Wir lauschen noch einmal dem Telefonklingeln, lassen den Blick über die überladenen Schreibtische gleiten, über die abgewetzten Ledersessel, die pendelnden Ventilatoren, und aus dem Fenster über ganz Damaskus. »Informationsministerium« – kein schlechter Name für eine Schnüffelbehörde. Gleichsam ein Ministerium der Zukunft, des kommenden Informationszeitalters. Ein letzter Blick in die Ecke zeigt, daß aber auch dieser Begriff in Syrien noch einmal ganz anders verstanden werden muß, als wir es uns denken. Da steht neben dem Fenster die Faxmaschine, die schon seit Tagen, wenn nicht seit Wochen, ungelesene Informationen über eine Endlosrolle in die Ecke ausdruckt und pumpt, als wolle sie das ganze Zimmer verstopfen, dann das Treppenhaus, alle Etagen hinunter bis zum Parterre, Faxe, Faxe, bis in den letzten Winkel des ganzen großen Ministeriums. Herr Amin hat unseren Blick aufgefangen und unsere Gedanken gelesen. Ja, er war ein paar Tage verreist und konnte sich nicht um alles kümmern. Aber er werde noch alles lesen, alles.

An einem späten Mittwochvormittag sind wir dann endlich unterwegs. Kurz hinter Damaskus läuft quer über die Straße ein schmaler alter Schienenstrang und verliert sich bald in einer Geröllböschung am Rand. Das ist die alte Bahnverbindung nach Jerusalem, sagt Herr Said. Er ist unser Fahrer und so etwas wie der Kapitän all unserer folgenden Expeditionen. Natürlich sind wir unterwegs keinen Schritt lang allein. Nicht jeder, mit dem wir zusammenkommen, steht im Dienst des Ministeriums. Jeder ist aber auf eine bisher nur selten erfahrene Weise immer auch ein bißchen mehr, als er ist: Der Fahrer ist nicht nur Fahrer, der Dolmetscher nicht nur Dolmetscher, und so weiter, jeder ist immer auch ein bißchen Präsident.

Nach zehn Kilometern können wir erstmals rechts das hellbraune Massiv des Hermon im Dunst des Horizonts erkennen, unter dem wir bis zu unserem Ziel entlangfahren werden. Kurz danach beginnt die Provinz Kuneitra, der eigentliche Golan: etwa bei Sa'asa, an der ersten Sperre.

Bis hierhin sind die Panzerspitzen Israels 1973 vorgedrungen, als sie im Jom-Kippur-Krieg – der in Syrien als »Befreiungskrieg« bekannt ist – ihren Gegenangriff vom Jordan auf Damaskus hin vortrugen. Die Schlacht tobte vom 6. bis zum 22. Oktober, und es gab fürchterliche Verluste, auf allen Seiten. Von hier an hat jede Erhebung in der Ebene seine eigene Helden- und Opfergeschichte.

Der Posten, bei dem unsere Papiere eingehend studiert und gestempelt werden, ist in einem Lehmhaus stationiert, mit einem Feldbett und Teegläsern unter einem Eukalyptusbaum. Said fängt ein Schwätzchen mit dem Soldaten an. Er kommt zufällig auch aus Hama, seiner Heimatstadt. Noch einmal zehn Kilometer später wartet ein Kradfahrer auf uns, der uns von nun an heute und in den folgenden Tagen auf seinem Motorrad – mit einer Sirene – durch die große Landschaft führen und durch alle weiteren Kontrollen schleusen wird.

Bis hierhin zieht sich die Ebene von Damaskus ohne jedwede Hindernisse. Fast keine Grenze dieser Gegend ist »natürlich«. Die Grenzen von heute sind in den Kriegen von 1967 und 1973 und dem Entflechtungsabkommen von 1974 gezeichnet worden. Etwa zwei Drittel des westlichen Golan wurden 1967 von Israel erobert und 1981 von Jerusalem annektiert, ohne daß irgendeine Regierung der Welt diese Annexion je anerkannt hätte. Die Grenzen davor stammten von 1946 und 1948. Die Grenzen Syriens und Palästinas wurden nach dem Zusammenbruch des Osmanischen Reiches in spätkolonialistischen Absprachen 1920 von Franzosen und Engländern festgelegt. Nicht die Grenzen, nur die Völker, die hier wohnen, sind Jahrtausende alt. Darum kennen sie sich auch so gut.

Im Auto bekommen wir eine erste erdkundliche Einführung: Der Golan ist ein Plateau östlich des oberen Jordanlaufs und etwa dreiviertel so groß wie das Saarland. Auf einer Länge von siebzig Kilometern gibt es hier alle Höhen von 2854 m über bis zu 220 m unter dem Meeresspiegel. Darum auch alle Klimazonen. Darum auch alle Gemüse- und Obstarten, von Äpfeln zu Datteln. Es ist der beste Boden Syriens, und er ist vulkanisch, wie die Hügel – die »Tels«, die »Höhen«: die Golanhöhen – die den Militärs so kostbar sind. Wie ungemein fruchtbar das Land ist, sehen wir vom Rücksitz. Plantagen reihen sich an Plantagen. Gewässer glitzern neben der Straße. Die Apfelernte ist gerade in vollem Gang. Die Bäume leuchten vor Obst.

Nach der Erdkunde kommt der politische Unterricht: »Zweihundertvierzig Höfe und Dörfer wurden 1967 von den Israelis zerstört, die Einwohner vertrieben. Der Golan ist nicht die Westbank! Wir sind keine Palästinenser. 130 000 lebten vorher in dem besetzten Gebiet. Nur 20 000 syrische Drusen in vier Dörfern im Norden haben sich nicht vertreiben lassen. Die Zionisten haben auf unserem Grund vierzig Siedlungen gebaut, mit Siedlern aus Amerika und Rußland.«

Was soll denn in einem Frieden aus diesen neuen Siedlungen eigentlich werden? Ist das nicht ein Riesenproblem? Das größte Hindernis vielleicht, das einer Räumung des Golan durch Israel heute überhaupt entgegensteht? Jetzt lebt doch schon eine ganz neue Generation da drüben. Ist denn nicht Platz genug für alle da? Könnten die Siedler vielleicht auch unter den Syrern bleiben, zum Vorteil aller, für die sie dann ihre Produkte im Basar von Damaskus anbieten? – Said zündet sich eine Zigarette an und hält das Feuerzeug in der offenen Hand: »Sehen Sie einmal, wenn Sie mir das weggenommen haben, dann müssen Sie es mir zuerst zurückgeben, nicht wahr, bevor wir uns über etwas anderes unterhalten können. Dann können Sie nicht sagen, was gibst du mir dafür? Zuerst müssen Sie mir zurückgeben, was mir gehört. Alles Weitere werden wir dann sehen.« Ich schaue auf das Feuerzeug, dann aus dem Fenster. Mißtrauen ist

die Frucht, die auf dem fruchtbaren Boden hier draußen noch besser als alle Äpfel gedeiht.

Bei Chan Arnabe kreuzen wir die Sperre zur
demilitarisierten Pufferzone: syrisches Hoheitsgebiet
unter Kontrolle der Vereinten Nationen, die hier die
verfeindeten Nationen auf Abstand halten. Es war
einer der größten Triumphe der Pendeldiplomatie
Henry Kissingers, als der unregelmäßig breite Gürtel
1974 von Israel geräumt wurde. Seit jenen Tagen läßt
Präsident Assad sich als der heldenhafte Befreier
Kuneitras feiern. Ein paar Minuten später sind wir in
der Stadt: der makabersten Attraktion zwischen dem
Hermon und dem See Genezareth.

Für unsere Begleiter sind die Fahrten hierhin Rou-
tine. Wer ein bißchen Pressematerial gelesen hat,
kennt darum auch schon die Sehenswürdigkeiten im
voraus, die uns gezeigt werden: das zerschossene Hospital, der verwüstete Friedhof, die zerborstene Moschee ohne Dach, die zerstörte Kirche – etwa die
Hälfte der 50 000 Bewohner waren Christen –, das
verkohlte Kino »Al Andalous« unmittelbar vor dem
Minenfeld. Irgendwo dazwischen der UN-Posten 27.
Eine Polizeistation.

Der Berg Avital gegenüber, in israelischer Hand,
ist – wie sich hier mit bloßem Augen an dem Anten-
nenwald erkennen läßt – wie ein Igel mit Elektronik
gespickt, mit der man da oben wahrscheinlich die
Wasserspülung in unserem Hotel in Damaskus be-
lauschen kann. Mit dem Fuß schaufeln wir im
Gestrüpp und Schutt alte Kacheln am Boden frei.
War das hier ein Bad? Eine Küche? Mehr als über die
Ruinen, mehr als über die offenen Kanaldeckel einer

Kanalisation, in die sich keine Ratte mehr verirrt, erschreckt die Natur: die Wildnis, die in die Stadt zurückkehrt. Die verwilderten Pinien, Zedern, Zypressen, Terebinthen. Feigenbäume, die ungezähmt aus den Trümmern herauswachsen. Die Wildheit der Bäume. Ein kranker Esel schleppt sich über die Straße. Weit weg kräht ein Hahn. Wind raschelt in den Disteln.

»Die Leute von Kuneitra waren die reichsten Bürger des Landes. Sie hatten alles, brauchten nichts zu kaufen, und verkauften ihre Produkte überallhin«, erzählt Herr Salim bei einem Glas Tee. Der Arabischlehrer, der am Ortseingang von Kuneitra die bescheidene Öffentlichkeitsarbeit versieht, stammt selbst nicht aus der Stadt, sondern von der anderen Seite des Stacheldrahts, als Flüchtling, und kann sich an die Einzelheiten der Flucht seiner Familie vor bald dreißig Jahren erinnern, als wäre es gestern gewesen.

Er war sechzehn und half im Garten bei der Auberginenernte. Mach das Radio an, sagte die Mutter, als sie die ersten Detonationen hörten. Es war der 5. Juni 1967, als sie in die Frontlinie gerieten. Ein Fit heißt sein Heimatdorf, keine zwanzig Kilometer von hier. Er hat es seitdem nie mehr gesehen. – »Jeder Quadratzentimeter des Golan hat nicht Syrien, sondern Syrer zum Besitzer«, sagt er. »Der syrische Sozialismus hat den Privatbesitz nie angetastet. Für uns ist die Beziehung zum Land wie zu einem Sohn. Darüber können wir nicht verhandeln. Da können Sie jedes Kind und erst recht jeden Greis fragen. Kein Herrscher Syriens könnte unser Land jemals weggeben. Wir waren ja vor jeder Regierung da – und vor allen Staaten: seit Beginn der Geschichte. Der Friede kann darum in fünf Minuten zustande kommen. Wir lieben den Frieden. Doch zuerst muß Israel den Vertriebenen ihr Land und ihre Rechte zurückgeben. Die Eroberer müssen nur das besetzte Land ohne Bedingungen herausgeben. Ohne Wenn und Aber. Das ist internationales Recht. Das ist alles.«

Ist das alles? Steht darüber nicht noch die Sicherheit? »Die Sicherheit? Aber natürlich. Drei Gipfel hat der Hermon. Zwei davon hält Israel besetzt, dreißig Kilometer von Damaskus weg, dreihundert Kilometer vor Tel Aviv. Wer bedroht da wen?« – Aber davor gab es doch zwanzig Jahre lang immer wieder Schüsse von den Hängen des Golan auf Israel herab, auf die Bauern im Tal und die Fischer im See Genezareth, von 1948 bis 1967. »Schüsse von den Höhen herunter? Ich sag Ihnen eins, und die Sache ist klar wie die Sonne: Was hätten wir dann machen sollen? Von unten konnten wir ja schlecht hochschießen. Wenn da unten aber ein Stück Land liegt, das der Familie gehört hat, und ich sehe dort andere pflügen und schieße – ist das Aggression? Die Pogrome in Rußland, die Vernichtung und Vertreibung der Juden aus Europa, das war Aggression! Nirgendwo sonst sind die Juden so lange so gastfreundlich und offen aufgenommen worden wie in Syrien und in Palästina – wie die Armenier. Nicht in der Schweiz, nicht in Amerika! Israels Entstehung war begleitet von Aggression. Ja, es gab Gewalt. Aber haben wir schuld daran?«

Seine Gäste wollen immer nur Kuneitra und Madschd al Schams sehen, sagt Said. In den Süden läßt sich nie jemand fahren. Was wir denn da wollen, fragt er widerstrebend. Schauen? Was denn, die Steine? Ja, selbst die Steine wären es wert. Es muß Jahrhunderte gebraucht haben, diese Mengen aufzulesen und aufzuschichten. Ungezählte Hände haben sie einmal aus den Äckern herausgelesen und am Rand zu Begrenzungsmauern aufgehäuft, Stein für Stein. Die Umfassungsmauern der Äcker roh, verwittert, geschichtet, die Häuser aus den gleichen, aber behauenen Steinen erbaut. Alle aus dem gleichen schwarzen Basalt, aus dem vor der Zeitenwende unten am See schon Kapharnaum erbaut wurde. Dazwischen Kaktushecken. Eine Kuhherde und ein Hirt – ein schlafendes Kind auf einem Esel – begegnen uns. Bis auf die Jeeps der UN oder einige ihrer hellblau gestrichenen Posten, die mit Schranken die Straße verriegeln, sehen wir sonst fast niemanden. Kein Fahrzeug. Die Dörfer wie menschenleer. Dennoch hat auch jedes Dorf ein oder zwei Straßensperren – zwei ausgediente LKW-Reifen quer über die Fahrbahn –, vor denen Halbwüchsige mit einer MP sitzen, die unsere Papiere kontrollieren. Die syrischen Soldaten in dieser demilitarisierten Zone tragen alle entweder Zivil oder Polizeiuniformen. Ihr Dienst muß von überwältigender Öde sein.

Am nächsten Tag kommen wir in den majestätischen Norden zum Fuß des Hermon: nach Chudur, gegenüber von Madschd al Schams, wo sich die Kinder der alten Nachbarn, wenn der Wind es erlaubt, über das Tal und den Stacheldraht hinweg Neuigkeiten in das von Israel besetzte Nachbardorf zurufen können. Der Wind ist stark, die Landschaft wild und

zerklüftet. Die Drusen sind die letzte Bevölkerungs-
klammer zwischen Syrien und Israel, geheimnisvoller
als all ihre Nachbarn, undurchsichtig und unergründ-
lich klug. In einem ihrer Dörfer werden wir zu einer
Hochzeit herbeigerufen. Viele Male müssen wir den
Mund für Leckerbissen öffnen, die uns zwischen die
Zähne geschoben werden. Die frühe Vorform ver-
trauensbildender Maßnahmen ist eine lokale Sitte
ebenso wie ein schlichtes Mundstopfen, das wir uns
gern gefallen lassen, zusammen mit einem Gläschen
Arrak. Der Präsident ist Ehrengast des Festes, auf
einer Wand von Wimpeln und Bildern, mit seinen
hundert Augen, mit denen er von dort den Tänzern
zulächelt.

Auf der Rückfahrt lassen wir uns noch einmal
durch sein befreites Kuneitra chauffieren. Warum er
die Stadt nicht wiederaufgebaut hat, ist durchsichtig.
Doch keiner weiß, was die Israelis dazu gebracht hat,
die Stadt so zurückzulassen. Fragen Sie mich nicht,
sagte ein UN-Major in Damaskus, ich weiß nur eins:
Im Krieg, im Krieg ist alles möglich. Da geht es leicht
gerade andersherum, als man es glauben kann. – Wir
reden noch lange im Auto darüber. Said ist empört.
Warum? Warum? fragt er – aber erzählt dann nach
einiger Zeit doch wieder vom letzten Wochenende,
das er bei seiner Familie in Hama verbracht hat.

Aber ist Hama nicht die Stadt, die der gute Präsident 1982 in einem Blutbad fast dem Erdboden
gleichmachen ließ, mit vielen Tausenden von Toten?
»Ja, allerdings, und dafür ist das ganze Land dem Präsidenten heute noch dankbar. Er hat damals allein
verhindert, daß die Moslembrüder in Syrien algeri-

sche Verhältnisse herstellten. Denn wir wollen hier keine Fanatiker, bei uns sollen alle in Frieden leben dürfen, unabhängig von Religion, Rasse und so weiter, ob Muslim, Jude oder Christ. Ich kannte einen der Aufrührer persönlich schon von der Schule her. Und ich sag Ihnen, als ich erfahren habe, daß er dabei war, wußte ich sofort, daß der Präsident die einzig richtige Entscheidung getroffen hatte. Es war ein Glück für uns alle.«

Kurz vor Damaskus hängt eine schwarze Rauchwolke über dem nächsten Dorf. Von fern haben wir Schüsse gehört. Ein Militärpolizist winkt uns von der Straße herunter auf einen rumpelnden Feldweg, der in einem großen Bogen um das Feuer herumführt. Von ihm erfahren wir mit keinem Wort, was los ist. Der treue Said traut sich kaum, ihn zu fragen. Von weitem ist zu erkennen, wie sich hinter brennenden Reifen in dem Dorf eine Menschenmenge angesammelt hat, davor Militärfahrzeuge. »Wahrscheinlich geht es um illegalen Hausbau«, sagt Said, »oder nein, vielleicht auch um Schmuggler. Ja, es werden wohl Schmuggler sein.«

Die Abendnachrichten erzählen nichts von dem Zwischenfall. Said aber hat am folgenden Morgen eine endgültige Erklärung für die Umleitung gefunden. Der Aufruhr muß, da ist er sich jetzt sicher, wohl eines Mädchens wegen stattgefunden haben: ein üblicher Eifersuchtsfall, wie er in Dörfern häufig vorkomme. »Ein Mann schaut ein Mädchen schief an, die mit einem anderen verlobt ist, und schon ist es soweit. Tja. Und dann müssen sich wohl auch noch die Familien und Freunde eingemischt haben, wenn sogar die Armee eingreifen mußte. Ja, so muß es gewesen sein! Anders ist so etwas gar nicht zu erklären.«

Am nächsten Tag bringt uns ein klappriger Dodge nach Jordanien, weil es von Syrien aus kein Hinüberkommen in den Westen des Golan nach Israel gibt. Gemächlich fahren wir über die Ebene, über die schon die Babylonier, Assyrer und Nebukadnezar gegen Juda und Jerusalem zogen. Die Anhöhe da vorne, bei Sanamin, muß wohl derjenige Hügel sein, der 1973 dramatische Bedeutung in der letzten Entscheidungsschlacht gewann. Fern rechts begleitet uns der Hermon wieder lange Zeit. Paulus muß ihn auf seinem Weg nach Damaskus genauso vor Augen gehabt haben: den »Dschebel al Scheich« – den »Berg des alten Mannes mit dem weißen Turban«. Aber wo ist der Turban jetzt? Wo ist der Schnee? Jetzt sehen wir nichts mehr davon – bis auf einen winzigen Flecken unter dem Gipfel. Aber natürlich: »Den Schnee haben die Zionisten gestohlen«, sagt der Taxifahrer – und brummt dann widerwillig noch etwas davon, daß im August noch nie sehr viel Schnee auf dem Hermon lag.

Ich muß an gestern abend denken, als ich zum Abschied mit A. im »Abu Kamal« essen war, mit unserem liebsten Gewährsmann in Damaskus, und wir über all diese Fragen noch einmal gesprochen haben. Über den Schnee von gestern, das Wasser von heute, den Frieden von morgen. Jetzt suchen die Israelis sogar wieder nach Öl auf dem Golan, eine unerhörte Provokation. »Land für Frieden?« Wesentlicher als das Land ist jedenfalls das herrliche Wasser, das hier darunter hervorsprudelt. Wichtiger als Öl, kostbar wie das Leben selbst – und leider immer knapper. Ist es also ein stellvertretender Konflikt für das nächste Jahrtausend, der hier ausgetragen wird und gelöst sein will? Was soll ein Regime tun, dessen Stolz es war, immer am härtesten gegen Israel aufgetreten zu sein – wenn einer nach dem andern seiner Kampfgenossen mit dem alten Todfeind plötzlich Frieden schließt?

Ein schöner Abend. Ein herrlicher Mensch: der kluge, sanfte, traurige A., der von so vielen Engeln erzählt, die ihm in seinem Leben immer wieder begegnet sind, und der doch selbst so melancholisch darüber geworden ist. Sein Deutsch ist makellos. Von seiner Heimat, seinem Werdegang, seinem Beruf, dem Ministerium, dem Präsidenten hatte er noch einmal erzählt – und auch natürlich wieder viel von Israel, das bei Gesprächen in Syrien immer allgegenwärtig ist. Natürlich weiß A. alles über das Land. Die Machenschaften der Zionisten kennt er in- und auswendig. »Waren Sie schon einmal drüben?« fragte er aber schließlich und dann – nach einem winzigen Schweigen auf mein Kopfnicken:»Wie sind die denn? Wie leben die? Und was ist das eigentlich für ein Land?«

(1995)

8

Die Quellen des Jordan

Gläserne Aufzüge gleiten außen vor meinem Balkon die weiße Hotelwand hinauf und hinunter, mit Frauen und Mädchen in Badedreß. Über dem See glühen von Nord bis Süd die Hänge des Golan golden auf; die Boote setzen ihre ersten Lichter auf. Nur sechs Stunden hat der Umweg von Damaskus über Jordanien hierhin nach Tiberias gedauert. Vor einem Jahr – vor dem jordanisch-israelischen Friedensschluß – hätte die Reise noch gut ein, zwei Tage dauern können: mit dem Flugzeug von Damaskus nach Zypern, von Zypern nach Tel Aviv, dann von dort mit dem Bus hinauf nach Galiläa, oder das Ganze über Kairo.

Vom Swimmingpool kommt Lärm wie von einem Jahrmarkt hoch. Ich hole einen Stuhl auf den engen Balkon und hole mein syrisches Reisetagebuch aus dem Koffer. »Nicht die Grenzen«, lese ich da, »nur die Völker, die hier wohnen, sind Jahrtausende alt: die Hebräer, die Assyrer, die Philister, die Kanaaniter, die Moabiter. Darum kennen sie sich auch so gut. Darum sind sie auch so mißtrauisch gegeneinander. Zuviel Geschichte, zuwenig Land, zuwenig Wasser, zu viele

Gründe für Mißtrauen. Es gibt hier keine ›natürlichen‹ Grenzen.« – Drei Tage ist es seit den Notizen her.

Nun sieht es hier über dem Swimmingpool allerdings so aus, als hätten sich die »uralten Hebräer« inzwischen in eine der jüngsten Nationen verwandelt. Eine kalifornische Beach-Kultur feiert da unten fröhliche Urständ. Das Remmidemmi und Lichtgeflimmer bis tief in die Nacht sucht seinesgleichen. Wo sind die Minis kürzer, die Mädchen an der Uferpromenade jünger: wahre Kinder? In wenigen Jahren ist die ganze Stadt eine Disco geworden: ein Disney-Las-Vegas am Galiläischen Meer. Wo einmal die Vögel des Himmels aus allen Hecken zwitscherten, nimmt nun das Pfeifen und Piepen der Handys kein Ende. Tiberias verändert sich rasend schnell. Pünktlich bricht jeden Tag der Verkehr zusammen.

Und keine natürlichen Grenzen? Das war oben, auf dem Plateau vor Damaskus, beobachtet. Hier unten, in diesem erdentiefen Riß des Jordangrabens, haben wir vielleicht die natürlichste Grenze der Welt überhaupt vor uns. Doch was heißt schon »natürlich«? Kaum irgendwo sonst sind die Grenzen so sehr wie hier vor allem erstarrte Waffenstillstandslinien.

Ich stecke den Finger ins Tagebuch und sehe den Aufzügen nach, hinauf und hinunter, dann wieder hinüber zum Golan da hinten in der Dunkelheit, auf den sich mit der fallenden Dämmerung die Lichter der Kibbuzim wie ein flimmerndes Collier auf den Horizont gelegt haben.

Jetzt hat Israel diesen Höhenzug schon sieben Jahre länger in der Hand, als das heutige Syrien ihn jemals besessen hat. Syrien regierte ihn von 1946 bis 1967, die israelische Armee eroberte ihn 1967. 1973 hat sie ihn verteidigt; seit 1974 halten UN-Truppen die alten Todfeinde auf einem schmalen Streifen vom Berg Hermon im Norden bis zum Rokad-Fluß im Süden auseinander. Der besetzte Landstrich ist nirgendwo breiter als fünfundzwanzig Kilometer.

1981 hat Jerusalem seine Eroberung annektiert. Doch nun ist in den letzten Jahren auch immer wieder von Geheimverhandlungen zwischen Amerika, Syrien und Israel über eine Rückgabe des Golan die Rede, der – nach Jerusalem – kostbarsten Erwerbung aller Kriege Israels nach 1948. Friede soll endlich werden im ganzen Morgenland. Handel und Wandel sollen blühen. Keine Beute soll behalten werden. Aber inzwischen leben vierzehntausend Juden in dreiunddreißig Siedlungen da oben – fast ohne Verbindung zu den sechzehntausend Drusen, die vier ihrer Dörfer in keinem Krieg verlassen und aufgegeben haben. Die Drusen sind der hartnäckige Rest der früheren »Urbevölkerung«.

Nur die Herren haben hier immer wieder gewechselt. Vor 1946 wurde der Golan von Paris regiert, davor vom Bosporus. An Damaskus ist die Region durch eine kolonialistische Pokerpartie gefallen. Weil die Engländer zu ihrer Zeit im Golan kein Öl fanden, hatte London die Provinz 1923 mit Paris gegen Mossul – im heutigen Irak – getauscht. Die französische Mandatsregierung gab ihre Herrschaft dann 1946 zur Unabhängigkeit Syriens an Damaskus ab. Ohne den Tauschhandel davor wäre der Golan damals also an Jordanien gegangen.

So ist es nach der Unabhängigkeitserklärung Israels 1948 jedenfalls zur Nachbarschaft des neuen Judenstaats mit Syrien gekommen: als eine Konfrontation im Wortsinn. Bis 1967 gab es hundertvierzig Tote und vierhundert militärische »Zwischenfälle« an der gemeinsamen Front. In dieser Zeit wurden von den Syrern die Militäranlagen des Golan auch erstmals groß ausgebaut und viele der Minenfelder angelegt, die das Land heute noch zu einem Paradies für alle möglichen Brutvögel machen: zu einem ganz seltenen Biotop – für die Pflanzen und Tiere, die Lilien des Feldes und die Vögel des Himmels.

Für die Menschen und Bauern im Hula-Tal hingegen wurden damals gepanzerte Traktoren Standardausrüstung. Die Kinder im nördlichen »galiläischen Finger« – zwischen dem Libanon im Westen und Syrien im Osten – wurden in Bunkern groß. Die letzten Granaten gingen am zweiten Tag des Sechstagekriegs nieder; am letzten Tag des gleichen Krieges war der Golan von Israel erobert, die meisten Bewohner geflohen, viele Zehntausende. Diesmal hatte mit der Herrschaft auch erstmals ein Großteil der Bevölkerung die Heimat verlassen.

Weniger als einen Monat später wurde dann dort oben der Kibbuz Merom Golan gegründet, fünf Kilometer gegenüber der alten Stadt Kuneitra. Danach wurde es friedlicher in der Region – bis zu jener Oktobernacht 1974, als die Syrer am Versöhnungsfest mit drei Divisionen und vierzehntausend Panzern fast bis zur Brücke der Jakobstöchter und im Süden bis zum See Genezareth durchstießen. Zwei Tage lang ruhte das Schicksal Israels in den Händen von zwei Brigaden. Dann rückte Israel über den Golan auf Damaskus vor. Der Boden wurde mit Blut getränkt. Danach begann ein heißer Frieden: Seitdem ist die syrisch-israelische Front zur ruhigsten Grenze Israels und all seiner Nachbarn geworden.

Morgen wollen wir sie erkunden. Der Mietwagen wartet schon vor dem Hotel. Einen Fahrer zu mieten ist hier ein Anachronismus, schade. Hier ist man allein. Kein Gedanke auch daran, noch irgend jemanden um irgendeine Erlaubnis oder sonst etwas zu bitten. Keine Genehmigung und keinen Begleiter mehr. In den Golan kann jeder. Sich frei zu bewegen ist selbstverständlich.

Am frühen Morgen ist es immer noch brutwarm in Tiberias. Doch eine halbe Stunde später überqueren wir schon die rumpelnde Arik-Brücke, und eine weitere halbe Stunde später ist es schon wunderbar frisch und kühl; wir wechseln die Klimazonen im Zehnminutentakt. Das Seeufer liegt zweihundert Meter unter dem Meeresspiegel, die erste Stufe des Golansockels schon vierhundert Meter über See-Niveau, in einer Distanz von nur acht Kilometern. Wunderbares Autofahren: herrlich breite, leere Straßen, gleich welcher Kategorie. Ein reines Vergnügen.

An einer Abzweigung parkt eine übernächtigte Panzerbrigade am Straßenrand. Soldaten in Overalls liegen vor und auf den Ungetümen. Nachtübungen sind ihr Routinedienst. Israel liegt auf dem Golan Tag und Nacht in Gefechtsbereitschaft. Izchak und Jakov, zwei junge Soldaten, die in einem Eukalyptushain erschöpft ausruhen, spreizen sich räkelnd unter dem Objektiv unserer Fotografin. Nein, erklärt Jakov: »Der Golan wird niemals zurückgegeben werden.

Wer es riskiert, riskiert einen Bürgerkrieg. Warum denn? Das ist nicht die Westbank. Es gibt hier keine Hamas, keine PLO und keine zwei Millionen Palästinenser. Hier gibt es doch überhaupt keine Araber!« – Beide sind schon auf dem Golan geboren, der eine von marokkanischen Eltern, der andere von Jemeniten.

Eine Straßenecke weiter, vor einer Kuhherde, stoßen wir auf das erste Kriegerdenkmal, ein zusammengeschweißtes rohes Ding aus Kanonenrohren. Wir werden noch viele davon finden: zerschossene geknackte Panzer, gesprengte Geschütze. Der ganze Golan erinnert an Gefallene. Die nächtlichen Manöver finden allesamt auf einem alten Schlachtfeld statt. Zahllose Militärcamps, Hunderte von Minenfeldern hinter Stacheldraht und immer neue Ruinen am leeren Straßenrand erinnern alle fünf Minuten daran. Der ganze Golan ist für Israel ein einziger Erinnerungspark.

Vor dem Kriegerdenkmal fotografiert der Fahrer eines Geländewagens seine Familie. Ja, hier hat er gekämpft. Da vorne um den kleinen Hügel sei es gegangen, in einer der wichtigsten Schlachten vom Oktober 1973, in der sogenannten »Tasche von Huschnija«, einer Falle, aus der die Syrien keinen einzigen seiner Panzer habe retten können. Es war nicht zum Lachen, aber jetzt lacht er. – Und jetzt, glaubt er, daß der Golan zurückgegeben wird. Darum will er ihn seinen Kindern noch einmal zeigen. Kriege kann man gewinnen, aber gegen den Terrorismus gebe es keine Chance. Er zeigt eine große Narbe auf seinem Rücken und an der linken Hand, wo er vor zwei Jahren niedergestochen wurde. »Aber ich habe ihn getötet«, sagt er und holt lachend den Revolver neben dem Fahrersitz hoch, »damit.« Die Kinder schauen Papa vom Rücksitz stolz zu, ebenso seine Mutter und Frau.

Zwanzig Minuten später stehen wir vor dem Stacheldrahtzaun über der syrischen Ruinenstadt Kuneitra und lesen auf dem kleinen Aussichtspunkt eine Tafel, die Touristen die Geographie erklärt: »Rechts und links sehen Sie eine Hügelkette aus erloschenen Vulkanen. Hier liegt die natürliche Grenze zwischen Syrien und Israel.«

Vom Hermon bis zum Rokad-Fluß bildet diese Kammlinie tatsächlich eine ideale Verteidigungslinie, eine Landschaft wie für die erste Klasse aller Militärschulen: der Traum jeden Generals. Die Grenzen Israels sind – wie gesagt – überall erstarrte Waffenstillstandslinien. Das ist ihre erste Natur. Doch hier folgt die Grenzziehung außerdem einer zweiten Natur. Das ist die unterirdische Wasserscheide, die hier unsichtbar verläuft. Am letzten Tag des Junikrieges hat Israel sie in seine Gewalt gebracht – nachdem syrische Ingenieure 1964 einmal vierzehn kleine Flüsse, die den oberen Jordan und den See Genezareth speisen, in den südlichen Jarmuk umleiten wollten. Ein Drittel des Wassers Israels kommt aus dem Golan, das beste Wasser des Heiligen Landes.

»Ja, das Wasser ist der Schlüssel«, erzählt der UN-Posten vor Kuneitra, den wir mit unserem Erscheinen von seinem blauweißen Wachturm heruntergelockt haben. Hinter ihm können wir auf der gesperrten Straße das verkohlte »Al Andalous«-

Kino in der verlassenen Stadt erkennen. Der junge Mann freut sich über die Ablenkung. Sagen darf er eigentlich nichts, aber a bissel was plaudern wird er – als Österreicher – ja wohl noch dürfen, privat versteht sich. Dienstlich kein Wort. Weiß er, warum Kuneitra zerstört und nicht wiederaufgebaut wurde? Er zuckt mit den Schultern: »Die Israelis haben die Stadt platt gemacht. Sie sagen, sie hätten nur die Häuser gesprengt, die sie auch selbst vorher errichtet hatten. Die Syrer haben dann nachher wohl noch a bissel was nachgeholfen.«

Über eins ist er sich jedenfalls mit all seinen Kameraden einig: Sie tun nirgendwo lieber Dienst als hier und sind alle miteinander zuversichtlich, daß sie noch eine Zeitlang gebraucht werden. »Die Israelis wissen: Jeder Friedensvertrag kann zerrissen werden, diese Hügelkette nicht. Und: Alte Herrscher ziehen nicht mehr in den Krieg. Assad weiß: Es gibt nichts umsonst. Erstens müßte Syrien dann nämlich aus dem Libanon hinaus. Zweitens müßten sie den gigantischen Mehrwert bezahlen, den Israel dem Golan abgerungen hat. Israel hat Syrien angeboten, alle Auslandsschulden für den Golan zu bezahlen: Das sind dreißig Milliarden US-Dollar. Aber es ist klar, daß jeder arabische Potentat, der nur einen Quadratmeter Land verkauft, ein toter Mann ist, oder schlimmer noch: ein Mann ohne Gesicht.«

Hinter Kuneitra werden Melonen gepflückt – Melonen, so weit das Auge reicht. In dem Tal vor Madschd al Schams ist die Apfelernte im Gang. Der reiche Ort ist das größte der vier Drusendörfer am Fuß des Hermon. Warum ist hier die Bevölkerung nicht geflohen? »1925 wurde das Dorf von den Franzosen zerstört«, erzählt der Zahnarzt, den wir in einem kleinen Café vor dem Freiheitsdenkmal kennenlernen. »Die Alten wußten, was es heißt, vertrieben zu sein. Sie sagten: Besser hier sterben als vertrieben werden.« Er ist Syrer, natürlich, jeder im Dorf ist stolz darauf, auch wenn ein Telefonat von hier in das nahe Damaskus teurer ist als ein Gespräch nach New York.

Daß die Besatzer seine Heimat nicht an Präsident Assad zurückgeben wollen, versteht er dennoch: »Natürlich will Israel hier nicht weg. Es gibt hier keine Hamas, nicht einmal die PLO und, anders als in der Westbank, keine zwei Millionen Palästinenser. Wir sind Syrer. Und der Golan ist ja fast leer, das Gegenteil des Gazastreifens. In Gaza leben die Menschen so dicht wie in Kalkutta. Wenn die Drusen damals auch noch geflohen wären, wäre der Golan völlig leer. Vielleicht haben die Juden ja immer noch eine Scheu vor dem Land. Die meisten wissen, daß sie hier nicht bleiben können.«

Und er weiß auch, daß er noch nicht alles über seine Zukunft in Syrien weiß. Mit seinen Freunden ist er sich darüber im klaren, daß er und die jüngere Generation natürlich inzwischen schon viel westlicher – ja, sogar israelischer – geworden ist als die Verwandten hinter dem Zaun. Macht ihn das nicht nervös für die Zukunft? Er weicht aus: »Ja, ich weiß, bei uns haben mittlerweile sogar die Äpfel eine israelische Form. Für den Markt in Haifa müssen sie anders aussehen als die Äpfel unserer Verwandten da drüben. In Madschd al Schams spricht die ganze Jugend Hebräisch – in der Westbank können das oft nur die Gefängnisinsassen.«

Wir suchen ein Dorf namens Ein Fit. Kann er uns helfen? Natürlich, es liegt keine Viertelstunde entfernt. Er kann uns sogar hinführen, wenn wir ihn zurückbringen. Heute kommt ohnehin keiner mehr in seine Praxis. An jeder Kurve der Serpentinen, die er uns in ein riesiges Tal hinunterleitet, tut sich ein gewaltigeres Panorama auf. Die Kreuzfahrerburg Nimrod türmt sich plötzlich auf einem Hügel in unseren Blick, bedrohlich bis auf den heutigen Tag. Und dann, in einer Nische des Berges zur Rechten, an den Karst geschmiegt, so etwas wie ein Feriendorf, jedenfalls brandneu, menschenleer, einheitlich – alle Häuser mit Spitzdächern und geraniengesäumten Fenstern und einer riesigen knallroten Coladose anstelle des Kirchturms mitten dazwischen, wohl ein Wasserturm. »›Neve Ativ‹«, sagt der Zahnarzt, »wurde vor zwei Jahren gegründet, über den Fundamenten von Jeit Batha, einem alten arabischen Dorf, von dem jetzt – sehen Sie da unten das Gestrüpp – nur noch der Friedhof übrig ist.«

Fünf Minuten später fahren wir von der Straße herunter über einen Feldweg nach Ein Fit hinein und halten den Atem an. Das alte Dorf liegt versteckt am Hang, Terrassen über und unter sich. Wild wuchernde Bougainvillea umrankt die Ruinen. Die Wege übersät mit rostigen Patronenhülsen. Windrascheln in den Büschen, leises Vogelzirpen. In der Dorfmitte eine Zypresse, die Mitte ein Trümmerfeld in schwarzem Basalt. Eine Quelle gurgelt unter dem Gebüsch. An den Feigenbäumen neben dem zugewucherten

Bachlauf brechen die überreifen Früchte auf. Im ein-
gestürzten Haus des Bürgermeisters können wir von
der Terrasse nach Westen über das ganze Hula-Tal
schauen: auf die Kuppe des »galiläischen Fingers«
unter uns, dem nördlichsten Landzipfel des alten
Israel. Da unten liegt das alte Caesarea Philippi, da
oben der Hermon, da unten die Burg Nimrod. Die
drei Quellflüsse des Jordan fließen in diesen Finger
zusammen. Es ist ein leichtes, von hier oben aus darauf zu treten. Rechts da drüben, im Libanon, ist His-
bollah-Land. Zweimal wöchentlich, immer nachts,
greifen »die Gotteskrieger« an. Gerade gegenüber ist
Kiryat Schemona zu sehen, ihr bevorzugtes Ziel. »In
Madschd al Schams hören wir oft nachts die israelischen Panzer zurückschießen. Hier ist seit Jahren
Krieg«, sagt der Zahnarzt auf der Rückfahrt. »Und
sehen Sie: Kakteen in einer Reihe – wie da drüben! –
bedeuten immer: Auch hier war einmal ein Dorf.«

Von nun an sehen wir alte Kaktushecken überall.
Schwarze Steine, die einmal Orte waren. Verlassene
Dörfer, eine verlorene Zeit. Geröllhaufen fernab der
Straße, die einmal einen Namen hatten. Jetzt sind uns
die Augen dafür aufgegangen. Einsame Mauern in
der Steppe, durch die Schakale streichen und Gazellen
springen. Oft sind sie fast unsichtbar, gleichsam ein
Teil der Landschaft, vor der die israelischen Siedlungen so leuchtend hervorscheinen, und manchmal
werden sie schon wie eine zu schützende Spezies
behandelt, neben hochmodernen Kibbuzim, wo sie
nach achtundzwanzig Jahren schon wie antike Ruinen
wirken. Wanderer tauchen in ihnen auf. Der Golan ist
Soldatenland. Und dennoch spiegelt sich auch der ge-

sellschaftliche Wechsel vom kriegerischen zum Freizeitalter nirgendwo mehr als hier: der starke Wunsch nach Frieden. Nirgendwo läßt sich friedlicher wandern.

Wir finden verlassene Dörfer neben verwitterten Megalithgräbern der Urzeit, die Abraham schon sehen konnte, als er über diesen Weg in das verheißene Land einzog, und über dem heroischen Gamla, das erst in den letzten Jahrzehnten wieder ausgegraben wurde. Diese ehemalige jüdische Hauptstadt der Region auf einem schmalen Hügelsattel ist auch das antike »Massada des Golan«. Erst kürzlich wurden in diesen Ruinen Münzen ihres letzten und verzweifelten Freiheitskampfes gegen die Römer gefunden, auf denen damals – hier oben im Norden – die »Freiheit für Jerusalem!« gepriesen und verteidigt wurde; fast zweitausend Jahre ist es her.

Ja, mittlerweile könnte man die meisten Dorfruinen der sechziger Jahre wohl am ehesten mit den Ausgrabungen verwechseln, in denen Archäologen seit 1967 die uralte jüdische Identität des Golan nachzuweisen versuchen; die Bauweise blieb sich hier über Tausende von Jahren ziemlich gleich. Allein fünfundzwanzig antike begrabene Synagogen haben die Ausgräber seitdem schon in dieser syrischen Provinz ans Tageslicht befördert.

Manchmal taucht auch noch ein Stück der alten syrischen Straße neben unserer Fahrbahn auf, läuft ein bißchen mit und verschwindet dann wieder hinter dem nächsten Gebüsch, wo die israelische Straße wie eine Autobahn weiterrollt. Auch ein völlig neues Verkehrssystem, nein, wirklich eine andere Zeit ist über diesen Streifen Land ausgerollt worden, ein anderes Zeitalter.

Immer wieder finden sich auch kleine Erdbunker neben den Straßen, und selbstverständlich in jeder »Siedlung«, wie die manchmal gespenstisch wirkenden Lager hinter Stacheldraht und Stahlgittertoren mitten in der Einsamkeit genannt werden. In Kesched spielen Kinder mit Gebetsfäden unter dem T-Shirt und Schaulocken unter Baseballmützen auf der Basaltfestung. Es riecht nach Kohlsuppe. Kesched ist eins der religiösen Kibbuzim, die gemeinsam die besten koscheren Weine Israels erzeugen. Diese Kooperative hat es verstanden, mit kalifornischem Know-how in nur zehn Jahren auf dem Golan ein Drittel von Israels Weinexport zu produzieren. Riesling, Chardonnay, Sauvignon – der Vulkanboden eignet sich ideal dafür. Milch und Honig fließen, Blumen blühen im Wortsinn tonnenweise, Obst aller Art gedeiht prächtig. »Die Syrer haben Rosinen aus den Trauben gemacht«, sagt der marokkanische Manager in Katzrin, »wir machen Wein daraus, sehr guten Wein.« Es gibt keinen besseren Wein aus ganz Israel als die Marke »Yarden« (Jordan) vom Golan.

Etwa zwei Drittel der Gemeinschafts- oder Genossenschaftssiedlungen leben von der Landwirtschaft. Das andere Drittel von Industriebetrieben und dem Tourismus. Doch seit dem Beginn des Friedensprozesses werden nun viele Siedlungen nicht mehr weitergebaut. In El Rom sind seitdem zwanzig neue Häuser im Rohbau erstarrt, als bizarre Entsprechung zu den syrischen Dorfruinen. Hier hat uns eine Lehrerin in der Gemeinschaftskantine zum Mittagessen eingeladen und erzählt vom »Leben unter dem Fragezeichen«.

»Wir haben doch schon genug Probleme. Zum Beispiel die vielen Neueinwanderer aus Rußland. Wer soll sie integrieren?« Mit dem sozialistischen Charme der Kibbuzim könnten sie sich gar nicht anfreunden. »Ein Kibbuz funktioniert ja nur mit Vertrauen. Diese Menschen sind aber in einem System des Mißtrauens groß geworden. Es ist so schwierig.« Aus dem riesigen Fenster geht der Blick über den Golan bis zum Hermon hinüber. »Schauen Sie sich all das an. Das ist meine Heimat geworden. Allein die Idee tut schon weh, daß das einmal verschwinden soll, nicht nur die Gärten und Häuser. Das ist doch eine komplette Gesellschaft. Das ist doch eine eigene Welt: die sicherste Gegend ganz Israels! Nirgendwo sonst kann man Autos und Häuser unverschlossen lassen. Diese Leute kann man unmöglich nach Tel Aviv verpflanzen. – Haben Sie Katzrin gesehen, die neue Hauptstadt des Golan? Es ist nicht einfach, solche Städte zurückzugeben. Was heißt zurückgeben? Sie waren ja vorher gar nicht da.«

Sie schweigt und seufzt: »Wir haben doch jetzt gar keine Kraft mehr für einen Neuanfang. Es ist so verrückt, das alles nicht durch einen Krieg zu verlieren, sondern durch einen Frieden. Was soll es denn für ein Friede sein? Daß wir hier waren, hat den Frieden der letzten zwanzig Jahre garantiert. Kein Versprechen aus Damaskus, nur der Golan hat uns den Frieden gebracht.«

Ja, Frieden. Heute ist es auf dem Golan nie friedlicher als am Sabbat. Am Strand des Sees Genezareth unter Kursi – wo einmal Dämonen in Schweine und in den See gefahren sind – richten Mütter auf Campinggeschirr das Abendbrot für ihre Familien, hacken Tomaten, Paprika, Gurken. Drüben in Tiberias können wir unser Hotel erkennen. Den ganzen Tag haben wir oben auf den Westhängen über dem See verbracht, bei den schönsten Siedlungen, in Bnei Jehuda, Afik und Kanaf, bei explodierenden Rosenreihen und fruchtübersäten Granatapfelsträuchern. Die Luft ein Duft aus Lavendel und Rosmarin. Ein ferner Hahnenschrei, sonst kein Laut. Adler kreisen in der Höhe, Störche stelzen durch die Gärten der Steppe. Schwärme nie gesehener Vögel ziehen über den Silbersee zu unseren Füßen hin; dahinter Galiläa wie auf einem Tablett. Der Golan ist ein großes offenes Fenster nach Israel. Die Täler des Paradieses können nicht prächtiger sein.

In diesem Moment muß man hier oben kurz den Blick zurück nach Tel Aviv schweifen lassen, in das Hupen und Lärmen auf der Dizengoff-Straße, um erahnen zu können, wie sehr diese Ruhe des Golan das Herz und Sentiment vieler Israelis anrühren muß. Ist dieser Landstrich nicht ein Spiegel der ursprünglichen Reinheit, ein Bild aus der Zeit der Unschuld, Erinnerung einer Phantasie: Israel im Naturzustand? Sah so nicht der Neuanfang aus, der neue Ursprung, die letzte neue Chance, wie sie die Gründerväter in Europa vor sich sahen, wenn sie nachts nicht schlafen konnten? So und nicht anders muß Herzl sich jedenfalls einmal das ganze Land vorgestellt haben: ein leeres Land ohne Volk für ein Volk ohne Land. Kein Bild also hoffnungsvoller, keine Hoffnung trügerischer. Es ist die Gründungsvision des Judenstaates. Eine Illusion, fruchtbar und furchtbar. Der Golan ist Israels letzter zionistischer Traum. Die Aufgabe des Golan ist ein Abschied für immer.

Vor der Ruine der ausgegrabenen Synagoge im alten byzantinischen Katzrin, außerhalb des modernen Neubauzentrums, in dem jetzt so viele geflohene Russen wohnen, haben wir gestern noch ein paar Ansichtskarten erstanden: weite Ebenen mit einsamen Hügeln, im Schnee, in der Blüte, immer einsam und leer, der Golan im Sommer, der Golan im Winter, bei Tag, bei Nacht, mit dem zerklüfteten Wadi Tiba, den vielen Gewässern. »Was soll daraus werden?« frage ich den alten Verkäufer. »Wenn Amerika will, daß wir hier verschwinden, was können wir dann noch tun?« gibt er zur Antwort. »Dann müssen wir raus. Und so wird es wohl kommen. Und wohin? Und warum? Damit wir Jerusalem vielleicht behalten können? Hoffentlich täuschen wir uns da nicht schon wieder. Militärisch gesehen ist die Rückgabe Selbstmord. Die Quellen denen zurückzugeben, die uns das Wasser abgraben wollten, ist wahnsinnig. Der Golan ist das sicherste Gebiet ganz Israels. Für die Hoffnung auf Frieden ist ein höherer Preis noch nie gezahlt worden. Wie werden wehrlos wie ein Lamm daliegen.«

Er bückt sich, um noch einen Karton mit Neujahrsglückwunschkarten zu öffnen, die an die Eroberung Jerusalems durch König David vor dreitausend Jahren erinnern. »Frohes neues Jahr? Was soll es schon bringen? Hoffentlich nichts. Im besten Fall nichts!« Er hustet, klopft sich mit der flachen Hand auf die Brust und sortiert dann wieder die neuen Karten in den Ständer seines Kiosks ein: noch schönere Erinnerungskarten vom Golan mit goldeingravierten Glückwünschen zum nächsten neuen Jahr der Juden – dem Jahr 5756 nach der Menschwerdung des Menschen: als Adam Eva zum erstenmal mit ihrem Namen rief.

(1995)

9

Casablanca in Jerusalem

Ein neues Jahr. Arafat bringt Arrak und Wasser an
den Tisch. »Gegen das Elend der Welt«, fährt Mrs.
Vester danach fort, »ist dieses kleine Paradies hier
einmal gegründet worden. Schon immer wurden in
der amerikanischen Kolonie Wunden verbunden,
Hungrige gesättigt; Dürstenden wurde Wasser ge-
reicht. Von Anfang an war dieses Haus eine Zu-
fluchtsstätte von Christen, Muslimen und Juden; nie
haben wir Partei ergriffen. Schon ganz früh waren wir
eine internationale Familie.« Sie wirft dem balgen-
den Spatzenpaar zu unseren Füßen ein paar Brot-
krumen hinunter. Über uns fängt sich der Abend-
wind Jerusalems im Laub des Apfelsinenbäumchens.
Bienen summen zwischen den Geranien um das
Springbrunnenbecken in der Mitte des sonnenwar-
men Innenhofs.

Die Admiralstochter streift eine silberne Locke
aus der Stirn, dann streift sie mit wenigen Strichen
noch einmal die Geschichte dieser Herberge, die sie
schon so oft erzählen mußte. Fürchterliche Schick-
salsschläge hatten die Großeltern ihres Mannes heim-

gesucht – ein Großbrand, ein Schiffsuntergang, bei dem all ihre Kinder ertranken und dergleichen Schrecken mehr, dazu theologische Differenzen mit ihrer Heimatgemeinde – bevor sie im letzten Jahrhundert aus Chicago auszogen, um hier als christliche Zionisten noch einmal eine neue Urgemeinde zu gründen. Erzählt weiter von dem türkischen Pascha, der der jungen Gemeinde damals diesen Palast verkaufte, den er sich als Liebesnest für seine vier Frauen gebaut hatte und dennoch kinderlos blieb, Gott sei Dank; von den gottesfürchtigen Schweden, die danach dazustießen. Von dem allmählichen Wandel des Hauses von einem Gemeindezentrum zu einem Pilgerheim, zu einem Hospital, zu einem Hotel.

Ihre Schwiegermutter hat vor vierzig Jahren schon ein dickes Buch darüber geschrieben. Auch Selma Lagerlöfs dramatischer Nobelpreis-Roman spielt fast ganz in diesem Haus. Da drüben hinter der Palme, in dem Zimmer Nr. 14, hat Lawrence von Arabien seine »Sieben Säulen der Weisheit« entworfen. In den Räumen darüber haben Collins und Lapierre monatelang bei der Arbeit an ihrem Jerusalem-Bestseller gewohnt. Bücher und Romane ranken sich ebenso üppig wie das Violett der Bougainvillea um das herrliche Gemäuer. Ohne Zweifel, es ist ein kolossal inspirierender Ort, entweder zu eigenen neuen Werken oder aber – für die kleineren Dichter – zu Berichten über das Haus und seine legendäre Geschichte. Schon die Liste der Gäste ist Legende: die notorischen Herren Greene und Churchill zählen natürlich ebenso dazu wie all die anderen Müßiggänger – Peter Ustinov, Saul Bellow, John Le Carré, Leon Uris, Alec Guiness, die

Kaiserin von Äthiopien und so weiter und so weiter – die offensichtlich nichts anderes zu tun haben, als immerzu nur dicke Havannas in den schönsten Hotels der ganzen Welt zu rauchen.

Doch warum und woran zerbrach auf dem Weg hierhin eigentlich die eindrucksvolle Ursprungsgemeinde – mit ihrer eigenen Schule, den Werkstätten, Krankenstationen, den Kühen, den Schweinen, der Bäckerei, der Molkerei und sogar einem eigenen Friedhof auf dem Scopusberg? »Ach, wissen Sie, schon die erste Zeit der Gemeinde war schwierig. Schwieriger wurde es noch, als die Schweden zu den Amerikanern stießen. Dann kam die Zeit, etwa nach dem Krieg – welchen Krieg, fragen Sie, den Ersten Weltkrieg natürlich; entschuldigung, ich vergesse immer noch, die Kriege einzeln auseinanderzuhalten – als hier also die erste Generation aufwuchs, die sich nicht mehr selbst nach Jerusalem aufgemacht hatte, sondern die schon in der Gemeinde geboren war und nun plötzlich ihr eigenes Leben führen wollte. Das war der Anfang vom Ende. Danach verblaßte der Geist des Anfangs ganz allmählich im Lauf der späten zwanziger und dreißiger Jahre.« Ihr verstorbener Mann Horatio, ein Enkel der Gründerin, war schon ein rechter Freigeist der Art, wie man sie wohl nur in Jerusalem trifft.

Aber Anfang der fünfziger Jahre gab es immer noch ein gemeinsames Morgengebet. Bis 1954 wurden noch Schweine gehalten. Nach dem Ende der Gemeinde teilten ihre Schwiegermutter und ihre Schwägerin sich dann die Aufgaben, die aus dem gemeinsamen Besitz übriggeblieben waren. Die Mutter kümmerte sich um das Hospital in der Altstadt, die Tochter wandelte das Hostel allmählich in ein Hotel um.

Wie auch immer, jetzt ist von der alten Gemeinde jedenfalls nur noch eine Erbengemeinschaft, ein Kinderzentrum in der Altstadt und dieser Häuserkomplex übriggeblieben, der damals im wüsten Land vor dem Damaskustor lag und jetzt immer mehr in der Stadtmitte liegt. – Die sehr britische Lady, die sich auch im Alter mit ihren blitzend blauen Augen noch jeden Morgen um jede Blume des Innenhofes einzeln kümmert, ist der derzeitige Vorstand der vielköpfigen amerikanisch-schwedisch-britischen Familie, die diese Oase des Friedens in der geplagten heiligen Stadt besitzt und zusammenhält.

Und was war hier ihre beste Zeit? »Das ist der Herbst, keine Frage. Ach, die schönsten Jahre meinen Sie? Das war wohl unter den Jordaniern. Da war es hier noch so ruhig.« – »In der Zeit des Niemandslands«, sagt die passionierte Gärtnerin, »war es da drüben so herrlich blühend, voll duftenden Gestrüpps, wie in Jericho, ein einziger Garten – wo sich jetzt die Trümmerfelder und neuen Straßen befinden, ach ja.«

Sie musterte die Gäste, von denen sie eine gute Hälfte mit Namen zu kennen scheint. Faisal Husseini hat vorhin eine Pressekonferenz im Pascharaum gegeben, der berühmteste Name aus einer der vornehmsten und ältesten Familien der Stadt, jetzt Chefdelegierter der Palästinenser und lokaler Statthalter ihrer Exilregierung. Das Grundstück des legendären Orient-Hauses, des heimlichen Außenministeriums der PLO, grenzt direkt an den Garten des American Colony Hotels. Doch das wahre Außenministerium der Palästinenser ist ohne allen Zweifel dieses Hotel selbst. Die Terrakotta-Fliesen des Bodens sind spiegelglattes diplomatisches Parkett. Jetzt ist der Hof unter dem Gewisper der Blätter darum wieder voll vom Geraschel und Geraune der Journalisten.

An jedem Tischchen sitzen sie nun wieder mit ihren Wordprocessors, Videokameras und schnurlosen Telefonen, die sie immer griffbereit wie eine Waffe neben sich liegen haben. Während Israel seine Politik nämlich vornehmlich in den nüchternen Räumen des staatlichen Pressebüros in der Hillel Straße zu verkaufen sucht, vermarkten die Palästinenser ihre Sicht der Dinge regelmäßig in diesem Haus: unter goldblauen Damaszener Deckentäfelungen, im Licht der Lampen aus Hebron-Glas, vor den Teppichen an den Wänden und bauschenden Gardinen in den Fenstern.

»Ost-Jerusalem« am Kopf von Nachrichten und Agenturmeldungen, das heißt deshalb gewöhnlich nichts anderes als »American Colony«. Der Schlüssel zum Presseraum, wo man die neuesten Agenturmeldungen am Computer abrufen kann, hängt in diesem Hotel gleich mit am Zimmerschlüssel. Das Haus ist ein gesuchtes Labor »for the blending of fact and fiction«, wie Mrs. Valentine Vester die hohe Kunst der Presseleute spöttisch nennt. Hunderte unserer Zunftgenossen waren, wie es scheint, darum schon hier, und wer einmal hier war, kommt nur zu gern immer wieder hierhin zurück. »Peter Arnett? Den Mann vom CNN meinen Sie? Ah ja, natürlich, der war nach dem Golfkrieg hier. Ich erinnere mich noch gut an seine laute Stimme. Wenn er hier in irgendeiner Ecke auch nur flüsterte, war es im ganzen Innenhof zu hören. Bis heute denkt ja übrigens die ganze Welt, er sei der einzige Journalist in Bagdad während des Krieges gewesen. Es waren allerdings noch eine ganze Menge Journalisten außer ihm in Bagdad, die danach auch alle hier waren. Tatsächlich war er aber wohl auch dort der Mann mit der lautesten Stimme.«

Aber auch ohne Peter Arnett wird es in diesem besonderen Hotel nie wirklich still, nicht einmal tief in der Nacht, wenn der alte Mohammed im Hof den Brunnen abdreht. Dann geht es hier meist nur in den Zimmern weiter, oder in der Kellerbar. Journalisten arbeiten, wie man weiß, ja rund um die Uhr – erst recht in diesem Land.

Denn »ein Bericht über Israel besitzt immer den Nachrichtenwert von zweien, beansprucht aber nur den Platz eines einzigen«, schrieb Thomas L. Friedman von der »New York Times« einmal vor Jahren, nachdem er davor anschaulich eine Szene geschildert hatte, wie bei einem israelisch-palästinensischen Zusammenstoß im Westjordanland mehr Journalisten als Soldaten zugegen waren. Warum? Wahrscheinlich darum: »Die Juden haben die Schuld erfunden«, sagt Amos Oz, »das kann ihnen die Welt leider nie verzeihen.«

Das kann man so sagen. Denn was in den Mythen anderer Völker jahrtausendelang als Heldentaten verherrlicht wurde, haben die Juden mit ihrer Geschichtsschreibung ja erstmals als Verbrechen entlarvt und gebrandmarkt. Darum muß sich Israel aber auch nach viertausend Jahren wohl oder übel noch gefallen lassen, daß die Welt das kleine Land sorgfältig beobachtet und scharf beurteilt.

Israel liegt jedenfalls seit seiner Gründung im Scheinwerferlicht der Öffentlichkeit wie kein anderes Land. Allein das eine 50-Mark-Video der CBS News vom Februar 1988, in dem vier israelische Soldaten versuchten, zwei Palästinensern in Nablus die Knochen zu brechen, hat dem Ansehen des jüdischen Staates darum gewiß mehr geschadet als zwei verlorene Panzerschlachten. Solch ein Video ist mit Platin nicht aufzuwiegen. Während man von Massakern im nahen Irak oder Syrien oft erst nach Tagen oder Wochen und auch dann nur am Rande oder gerüchteweise oder gar nicht hört, wird man deshalb auch in Zukunft über jeden einzelnen Toten oder Verletzten in Gaza zuverlässig, augenblicklich und weltweit unterrichtet werden. Wahrscheinlich ist es ein Glück für Israel. Gewiß ist es jedenfalls kein Glück für die Irakis. Kurz: Weit über dreihundert Nachrichtenagenturen sind in Israel akkreditiert. Hunderte von weiteren Journalisten strömen bei jeder weiteren Krise ins Land. Das ist ohne Vergleich.

Und nun kommt das Pikante. Denn eben dieses kleine American Colony – und nicht etwa das fabrikgroße King-David-Hotel – ist die Sammelstelle all dieser Berichterstatter. Natürlich leben sie nicht alle hier. Doch immer wieder lassen sich »die Zugvögel der Presse hier an ihrer Lieblingswasserstelle« nieder, wie die Financial Times es einmal nannte. Das Haus ist unbestreitbarer Favorit der Nahost-Korrespondenten in Jerusalem, vielleicht in der ganzen Welt. Wie am Anfang ist der kleine Palast darum auch heute noch ein Liebesnest, aber jetzt für die Paschas der Presse. Man könnte ihnen hierhin ihre Post nachschicken. Irgendwann würde sie abgeholt. Es ist zwar nicht die Lupe selbst, durch die die Welt auf Israel blickt, aber die Welt sähe diese Weltgegend trotzdem anders ohne diese Drehscheibe für eine unbestimmbar große Zahl von Nachrichten, die das Land täglich verläßt. – In keinem Hotel wird darum soviel gesprochen: auf der Terrasse, im Restaurant, an der Bar, im Hof natürlich, und soviel geflüstert und getuschelt, sogar noch im Türrahmen des Portals oder im Foyer, wo die blauen Zypressen-Inkrustationen aus der gleichen armenischen Werkstatt stammen wie viele der weltberühmten Kacheln des Felsendoms.

Hier also tauschen die bewährten Kämpfer für die Meinungsfreiheit täglich ihre Ware aus oder versuchen sich gegenseitig über die Schultern zu schauen, was der andere denn da gerade so Interessantes hat. Da Journalisten aber vor allem diejenigen zu sein scheinen, die einen schon in der Schule nie abschreiben ließen, halten sie ihre Karten natürlich auch hier noch meistens sehr bedeckt, leider – besonders in dieser Zeit, nach der Mutter aller Schlachten und erst recht nach den letzten Wahlen, wo die Karten im Nahen Osten wieder völlig neu gemischt werden. Doch macht nichts. Dafür können sie hier auch schon beim Frühstück – mit den knusprigsten Rösti und dem sahnigsten Bircher-Müsli östlich von Bern, mit frischem Orangensaft und türkischem Mokka – schon mal in aller Ruhe die »Jerusalem Post« durchgehen, um kurz durchzuchecken, was sich heute vielleicht wieder daraus abschreiben läßt.

Und nun – Mokka und Müsli haben es schon angedeutet – kommt das noch Pikantere: Das begehrteste Journalistenhotel in Israel hat nicht nur europäische und amerikanische Eigentümer und einen Schweizer Koch und Manager. Bis auf einen jüdischen Angestellten für das Rechnungswesen kommen etwa sechzig Prozent des Personals aus dem Westjordanland, die anderen vierzig Prozent sind Palästinenser mit israelischem Personalausweis. Was das Personal angeht, ist das Hotel also fest in arabisch-muslimisch-christlicher Hand – und natürlich auch in einigen armenischen Händen.

Doch die betont nicht-koschere Küche ist unter den Israelis wahrscheinlich noch populärer als unter den Arabern, die ihre Feste lieber gleich im nahen »Philadelphia« feiern. Teddy Kollek ist ein Freund des Hauses, ebenso wie Faisal Husseini. Freundschaft mit jedermann ist die einzige Tradition, der die Hotelleitung sich verpflichtet fühlt. Darum ist den meisten Berichten der letzten Jahrzehnte über das Hotel auch gemeinsam, daß sie alle auch gestern hätten geschrieben werden können. »Cool place in a hot spot« heißt einer der letzten Titel. »Die Nationen ringsherum ändern sich, aber nicht das American Colony«, schrieb die Baltimore Sun im Januar 1975. Wohl wahr.

Vor allem aber, und das ist noch wichtiger, ändern sich die Gesichter hier fast überhaupt nicht. George aus Beit Sahur ist schon seit 1947 Türhüter, Ahmad schon achtundvierzig Jahre lang Gärtner. Fast kein

Nahostkorrespondent oder Reporter, der sie darum nicht alle persönlich – zumindest dem Gesicht nach – kennt: die Zimmerfrau Raoufeh mit ihrem Goldzahnlachen aus Ramallah, den verschlagenen Mr. Cuba aus der Altstadt, von dem man seit über zwanzig Jahren alles erfährt, den geräuschlosen und vollendet höflichen Mr. Hani aus einer Flüchtlingsfamilie aus Ramleh, den rundlichen Kellner Hassan, dem die Brusthaare aus dem Kragen quellen, egal wie hoch er sein Hemd auch zuknöpft, oder die reizenden Mädchen an der Rezeption: Claudia, Fadia, Danielle, Juliana, eine freundlicher als die andere, alle Christinnen aus Jerusalem.

Wahrscheinlich hat das Hotel darum auch schon mehr für die Sache der Palästinenser getan als alle Propaganda-Agenten der PLO zusammen. Ach was, als ihr Präsident Arafat noch in Beirut oder Tunis residierte, haben der Kellner Arafat und der fabelhafte Schweizer Koch hier ganz allein für die Sache Palästinas mehr geleistet, als das ganze kampf- und untergrunderprobte Hauptquartier erst noch leisten muß. Einfach so: durch ihren zivilen orientalischen Charme, den manchmal etwas schläfrigen Service und die stadtbekannte Bündner Gerstensuppe zum Abend.

Mit »Dschihad« ruft man hier nicht den Heiligen Krieg aus, sondern nur einen besonders hübschen Kellner mit Engelsgesicht: »Ein Mineralwasser, bitte!« – Es ist wieder furchtbar heiß heute, irgend etwas stimmt mit dem Magen nicht. Der Taxifahrer am Jaffa-Tor weigerte sich vorhin, uns heimzufahren, am hellichten Nachmittag. Gestern hätten sie ihm in der

Nablusstraße die Scheiben eingeworfen! Am Damaskustor schwelte ein Brand aus Abfällen. Soldaten stehen überall an der Kreuzung herum. Fieber in der Luft, während die Mauern im Abendschein aufglühten. Ein Zug schwarzer Jeschiwastudenten zog eilig tippelnd durch das aufgeregte arabische Gewühl. Ist da was los? Oder ist das normal? – Dringend Mr. Cuba fragen! Oder vielleicht doch auf die »Post« am nächsten Morgen warten?

Egal, jetzt weitet sich hier wieder der Lichtkreis der Windlichter von Tisch zu Tisch in der fallenden Dämmerung. – Allein über die zauberhaft friedliche Atmosphäre dieser Abende sind schon zahllose Artikel von den Liebhabern des Hauses geschrieben worden, in vielen Sprachen, Zeiten und Zeitungen.

Im Familienalbum der Mrs. Vester, einer großen Kladde aus altem brüchigen Papier, finden sich Fotos und Berichte über General Allenby oder die Heuschreckenplage von 1915 neben Familienfotos, Briefen, losen Notizen oder herumfliegenden vergilbten Berichten aus der Mandatszeit mit Gerüchten, daß die Juden einen Staat gründen wollen. »Die arabische Welt im Aufruhr« heißt eine Schlagzeile aus den frühen zwanziger Jahren. »Zwölf Tote in Jerusalem« eine andere von 1929. Liest man die Berichte hintereinander, könnte man denken, auch in der Stadt insgesamt hätte sich nichts geändert, die sich doch wie vielleicht keine zweite in diesem Jahrhundert verändert hat. Das American Colony Hotel lag immer im Zentrum der Veränderungen.

Jahrzehntelang lag es direkt an der Frontlinie, nur zwei Steinwürfe vom Mandelbaum-Tor entfernt. Ein-

mal stand in den Kämpfen um die Stadt ein jordanischer Panzer in der Einfahrt, ein anderes Mal lande-
te eine israelische Handgranate in der Bar. Der Innenhof wurde von einer Mörserbombe umgepflügt.
Der Schutt lag fußhoch nach dem Unabhängigkeits-
krieg, wo jetzt traurige TV-Reporterinnen sitzen,
wenn die Scheinwerfer ausgeschaltet sind. Das Haus
lag 1948 im Kreuzfeuer und 1967. Am Sonntag, dem
4. Juni 1967, lag es noch in Jordanien, am nächsten
Samstag, dem 11. Juni, in Israel. Am zweiten Tag des
Krieges waren die Israelis schon im Haus. Da sie ver-
steckte Jordanier in den Räumen vermuteten, öff-
neten sie alle Türen, indem sie durch die Schlösser
schossen. Zwanzig Jahre lag das »Colony« davor im
Fadenkreuz von Heckenschützen.

Vielleicht ist vor allem auch in dieser Zeit die
levantinische Kunst des Seiltanzes in dem Hundert-
bettenhotel zur Meisterschaft entwickelt worden. Bis
heute wird es darum immer wieder mal als Spionage-
zentrum verdächtigt oder als die einzig wirklich neu-
trale Zone der immer noch tief gespaltenen Stadt
gerühmt. Vielleicht stimmt beides. Eine Oase des
Friedens ist es sicher – und auch so etwas wie ein Fie-
berthermometer des Nahen Ostens, das durch seine
journalistische Belegung anzeigt, wie es um die Temperatur der Krisenregion jeweils gerade bestellt ist.
Momentane Temperatur: 38,1 Grad, leicht erhöht,
Normaltemperatur für Jerusalem – circa sechzig Prozent Journalisten und vierzig Prozent reiche Palästi-
nenserinnen mit ihren Männern und Kindern am
Swimmingpool. Neulich, bei den Wahlen, war das
Haus wieder rappelvoll mit Presseleuten. Vielleicht

hat Hassan jetzt noch leichtes Fieber davon. Kleine Schweißperlchen stehen dem Kellner unter der Nase. In einer Ecke des Hofs fühlt sein Kollege Dschihad ihm die Stirn.

Mein armenischer Freund Kevork ist gekommen. Gerade schreibt er über die Rolle des Hauses im Jahr 1917 und erzählt von den Kämpfen der Türken und Deutschen gegen die Briten um Jerusalem. »Dreihundertfünfzigtausend englische Kamele haben damals das Schicksal Palästinas entschieden. Und darum«, sagt er, steckt die Zunge in die Backe und kneift ein Auge zu, »ist das Hotel jetzt zu einem Zentrum des Schaukelstuhl-Journalismus geworden.« Ich wippe auf meinem Stuhl zurück. Wie meint er das? Als er es zu erklären versucht, schweift unser Gespräch schnell ab in jene für Jerusalem so typische Mischung aus Stadtgetratsch und Weltpolitik. Wir streiten über den Westen und Osten, über Berg Karabach und Serbien, über Saddam und Rabin, den Islam und Israel, in Widerspruch auf Widerspruch. Seine Positionen sind haltlos. Endlich lächelt er: »Ich stimme dir zweihundertprozentig zu; das ist es ja, was mir nicht gefällt«, und, noch versöhnlicher: »Du mußt Anna Grace sprechen, wenn du hier wirklich etwas erfahren willst. Sie stammt noch aus der Gründerfamilie. – Mrs. Vester hat ja nur eingeheiratet.«

Anna Grace, wie das Personal sie nennt, oder Mrs. Lind ist die Schwägerin Mrs. Vesters, siebenundachtzig Jahre alt und die letzte im Haus vom Fleisch und Bein und Holz der Gründergeneration. So gesehen, ist sie das spirituelle Rückgrat der Colony, die einzig lebendige Verbindung von der alten Gemeinde zum heutigen Hotel. Jetzt betreut sie immer noch das alte Kinderzentrum in der Altstadt und lebt in einem Appartement des Neubautrakts.

Am Sonntag nach ihrer Abendandacht in der nahen anglikanischen St.-Georg-Kirche empfängt sie mich zwischen ihren Aquarellen des alten Jerusalem in ihre »happy hour« zu einem Whisky. In der Küche gießt sie zwei Gläser voll, bringt sie mit Nüssen in ihren Salon und mustert mich skeptisch aus ihren kleinen flinken Augen. Sie hat einen britischen Akzent, einen amerikanischen Paß und ein israelisches Permanent-Visum. Sie ist hier geboren, hat unter den Türken, den Engländern, den Jordaniern und den Israelis in Jerusalem gelebt und möchte natürlich auch hier auf dem Scopusberg beerdigt werden. Sie saß in einer Ecke des Wohnzimmers, als Selma Lagerlöf zu Besuch war. Als Colonel Lawrence in der Colony übernachtete, war sie zwölf Jahre alt. Sie sah General Allenby vor dem Jaffa-Tor vom Pferd absteigen. Damals ist sie mit ihrem Bruder Horatio den englischen Truppen nachgelaufen, sogar über ein Schlachtfeld, wo sie zum Entsetzen der Mutter die Handgranaten der Toten in ihre Schürze steckte.

»Unsere Gemeinde war der erste Kibbuz in Israel, aber wenn man das so sagt, werden viele das heute natürlich nicht mehr verstehen.« – Und warum ist diese Kibbuzgemeinde danach zerbrochen? Sie brach leider über die Familien auseinander, als nach dem Tod der Großmutter ihre Mutter mit der Führerin der Schweden um die Gesamtleitung stritten. »Wissen Sie, meine Mutter war eine sehr starke Frau und Persönlichkeit.« Und die beste Zeit? Das war die Mandatzeit, keine Frage. »Unter Jordanien, fragen Sie? Um Himmels willen, das war fürchterlich, sag ich Ihnen. Es war still und ruhig, ja, ja. Aber es war so tot.« Sie schaut zum Fenster hinaus, das Glas in der Hand, zu den goldenen Steinen unter dem violetten Himmel hin, wo das ganze Hotel in dieser Abendstunde einem einzigen Überbleibsel der Mandatszeit gleicht. »Haben Sie gestern die Zeitung gelesen? Jetzt wollen die Siedler da vorne auf der Saladin-Straße die Post übernehmen und da drüben eine ehemalige Schule für Behinderte in Appartements umwandeln.« Wer? Die Regierung? – »Ja, natürlich! Teddy Kollek sagt ›No, no, no!‹, aber alle anderen sagen ›Yes, yes, yes!‹« Sie lacht leise über den jungen Herrn Kollek.

Vor zwei, drei Jahren sollte sie einmal in der kleinen Synagoge in der Agron Street ihre Geschichte erzählen. Am Schluß wurde sie dann auch da gefragt, wie es denn hier nun weitergehen soll. Oh, mein Gott, dachte sie, was soll ich da nur sagen? Dann sagte sie: Lesen Sie Ezechiel 47, 21–23! – Ezechiel? Und wie heißt die Stelle? – Ja, das hätten auch dort alle gefragt. Bringt mir eine Bibel, sagte sie. Sie brachten ihre eine Bibel, und dann hätte sie mit lauter Stimme vorgelesen: »Spruch des Herrn. Dieses Land sollt ihr unter die Stämme Israels aufteilen. Ihr sollt es als Erbbesitz unter euch und den Fremden verlosen, die in eurer Mitte leben und die bei euch Söhne und Töchter gezeugt haben. Die Fremden sollen euch wie Einheimische unter den Söhnen Israels sein; mit euch sollen sie um den Erbbesitz losen wie die Stämme Israels. Wo der Fremdling wohnt, sollt ihr ihm seinen Erbbesitz zuteilen. Das sage ich, Jahwe, der Herr.«

Ibrahim Zaghari ist, nein, nicht ihr Gegenspieler, aber verkörpert doch das andere Ende der Traditionskette des Hauses. Ibrahim ist der Barmann – und auch einer der oben erwähnten Fremdlinge unter den Kindern Israels, der fließend Hebräisch und Arabisch spricht. Was hat man ihm nicht schon alles angedichtet, wie ist er nicht schon verdächtigt worden – und alles nur, weil er die besten Bloody Marys Jerusalems mixt. Halbwahr ist lediglich, daß einem die Haare aufrecht stehen von dem Stoff des großen Drahtziehers. Und wahr ist natürlich auch, daß er die Leute vom Mossad, KGB, CIA und der PLO ebenso oft wie schwedische Turteltauben und britische Krimiautoren bedienen muß. Doch Ingrid Bergmann schenkt er genauso unbestechlich ein wie Lauren Bacall. Er selbst trinkt nichts; seine Freude ist es, nur immer alles unter Kontrolle zu halten, im Blazer und mit Krawatte, mit seinem kurzgeschorenen Kraushaar, seinem Schnauzer, immer unbeweglich freundlich, immer in Bewegung. Ein Glas fliegt von seiner linken in die rechte Hand. Ein volles Tablett muß schnell in die hintere Höhle. »Ich höre nichts, ich sehe nichts, ich sage nichts – und ich sag dir«, sagt er, wischt noch einmal schnell mit dem Lappen über die Theke und schnipst mit den Fingern, »ich höre hier vielleicht Sachen!« Das glauben wir ihm gern; und zu sehen gibt es für ihn sicher auch immer allerhand.

Heute abend sieht es allerdings eher ein bißchen mau aus. Nur Curt, Ingrid, der Fremde aus Frankfurt und sein französischer Kollege sitzen einsam vor ihm aufgereiht auf den Hockern seiner Höhle. Der Pianist hat Ausgang. Curt ist ein erfahrener Korrespondent aus England, ein müdes Schlachtroß, das schon im Suezkrieg im Einsatz war, mit nachlässig aktiver Libido, Ingrid eine reife Reporterin mit Goldkettchen an den starken Fesseln, Händen in den Hosentaschen, einer Brille mit aufklappbaren Sonnengläsern, aufgeklappt, und ihrem Handy griffbereit neben dem Glas. – Heute hat im Gazastreifen ein Palästinenserkommando wieder zwei Palästinenser umgebracht, Verräter natürlich. Warum, fragt Ingrid. Der weise gewordene Haudegen versucht, ihr den komplizierten Frontverlauf in diesem Teil der Erde zu erklären. »Kain erschlägt Abel«, resümiert er schließlich stolz, »der eine Bruder den anderen. Die Araber bringen hier die Israelis um und die Israelis die Araber, aber auch die Araber die Araber und die Juden die Juden. Die Menschen bekämpfen und morden sich hier auch immer durcheinander gegenseitig.« Die blonde Ingrid nimmt einen Zug aus seiner Zigarette und bläst ihm den Rauch in die grauen Kräuselhaare. Curt schaut ihr ratlos in den Ausschnitt.

Jetzt sind zwei Nahkampfjournalisten aus dem »Strip« selbst eingelaufen, aus Kalifornien und Kanada, Tom und Al, die sich ihre Abenteuer beim heutigen Militäreinsatz bei einem Bier noch einmal auf der Zunge zergehen lassen. Al spendiert Ingrid einen Drink. Ingrid nimmt die Brille ab und spendiert ihnen ihr nächstes Bier. Tom erzählt. Draußen kräht irgendwo ein Hahn, der Muezzin ruft: Alla-a-a-a-hu akbar. Eine herrliche Stimme. Tom erzählt weiter, lauter. Die Kleine schaut ihm in die Augen. Bald muß ihre Nasenspitze seine berühren. Was jetzt? Sie spitzt ihren Mund. »Prrr, prrr, prrr«. Ingrid? Nein, nur ihr

Telefon. Fast wirft sie das Glas um, als sie nach dem Hörer greift: »Oh shit! Hello, Chicago? Oh yes, yes! Fine, fine, okay, okay.« Und so weiter und so weiter. Jetzt schaut Tom ihr in die Augen. – »Die Menschen, die Menschen bringen sich um«, murmelt Curt neben Ingrid wieder in sein Glas hinein, »die Menschen, die Menschen.« Ja, und die Weibchen.

Ich träufele mir meine Durchfalltropfen ein. »Aphrodisiáque, eh!« zwinkert mir mein französischer Kollege zu. Ich zwinkere zurück. Der aufmerksame Ibrahim schiebt eine neue Schale mit Salzmandeln über die Marmortheke. Ross Thomas erscheint im Schatten des Kellereingangs, Arm in Arm mit Raymond Chandler. Oder ist es Graham Greene mit Colonel Lawrence? Oder Saul Bellow mit Leon Uris? Egal, hinter Ibrahims Rücken lächelt uns nun alle zusammen die internationale Familie der Flaschen wieder an. Wie harmonisch sie doch beieinander stehen, wie friedlich! »Southern Comfort«, »Amaretto di Loretto«, »Remy Martin«, »Johnnie Walker«, »Four Roses« ... Ibrahim ist unserem Blick schon wieder mal im voraus gefolgt, ein spiegelndes neues Glas blitzt in seiner Rechten. Jetzt fragen nur noch seine Augen. »Na, was tun wir denn heute mal wieder gegen das Elend der Welt?«

(1992)

10

Von Amman nach Jerusalem

Wir waren, leider, ein wenig zu spät gekommen für die atemberaubende Perspektive, für die der Berg Nebo berühmt ist. Der Freitagsverkehr in Amman hatte uns aufgehalten. Auch hatten wir uns im Licht verschätzt und vergessen, wie schnell die Dämmerung im Orient fällt. Schon auf den paar Kilometern aus der Stadt heraus – nach Süden, dann nach Westen über Madaba und von dort den schmalen Bergrücken entlang – sahen wir, daß wir den Wettlauf mit dem sinkenden Sonnenball kaum mehr gewinnen würden. Als wir den Wagen parkten und zu der alten Aussichtsterrasse hinter der Kirche liefen, verschwand er gerade feuerrot vor unseren Augen über den Bergen der judäischen Wüste, um 17 Uhr 53, am 26. Oktober, dem neuen Gedenktag in der Geschichte des Nahen Ostens.

Der Wind zerrte an Jackett und Hemd. Schnell wurde es kühl, dann kalt, während sich die Nacht rasch und dinglich wie eine Wolke in das riesige Tal zu unseren Füßen herabsenkte, in das sich der Berg Nebo als prominentester Ausläufer der Berge Moabs von Osten her hineinschiebt. Nur Minuten lang leuchtete das Tote Meer links unter uns noch einmal silberblau und silberrosa auf, dann versank es schimmernd in der Nacht. Jetzt funkelten schon überall die vereinzelten Dörfer aus der Tiefe als verstreut blinkende Geschmeide von den Hügeln: Hisban, Al'Adasiyya, Suwayma oder da hinten – am Fuß der Berge – Ariha, wie die Araber die Stadt Jericho nennen. Und ein wenig links davon, hoch oben auf dem Horizont, war es, als hätten sich einige verirrte Sterne der Milchstraße auf die Erde und diesen letzten Bergrücken im Westen niedergelassen. Das waren die Lichter Jerusalems.

Heimweh überfiel uns. Wie gern wären wir hinüber zum Abendessen gefahren, in unser Lieblingshotel, schnell diesen Berg hinab und da drüben den langen Hang wieder hinauf, zu einem Teller der stadtbekannten Bündner Gerstensuppe, einem Steak und einem Bier. Denn zwischen dem Berg Nebo vor Amman und dem Ölberg in Jerusalem liegen doch nur knapp fünfzig Kilometer – Luftlinie natürlich, denn dazwischen ist ja nur Luft –, aber auch fünfzig Jahre Haß und Krieg, mal kühler, mal heißer. Jetzt durchzog wieder eine der dramatischsten Frontlinien des Erdballs den Abgrund vor uns, der bald nur noch von ferngesteuerten Scuds überquert werden würde, die drei Monate später den Nachthimmel in unsere Blickrichtung durchglühen würden – damals, vor vier Jahren. Es war völlig ausgeschlossen, an jenem Abend hinüberzufahren.

Es waren die Tage des Nervenkriegs. Knapp drei Monate zuvor war Saddam Hussein in Kuwait ein-

178

marschiert. Würde er bald die Welt in Brand stecken? Überall in Amman begegneten wir in diesen Tagen dem irakischen Despoten als steinernem Gast Ammans wieder, auf Hunderten und Tausenden von Plakaten, im grimmigen Schulterschluß mit König Hussein und Yassir Arafat. Der lange Schuhkarton des Jordan Intercontinental war gesteckt voll mit Reportern, die kaum abwarten konnten, endlich brennend heiße Nachrichten in ihre Heimatredaktionen durchgeben zu können. Der Champagner, der abends an der Bar geschüttelt und verspritzt wurde, die Bauchtänzerinnen, vor denen sie untereinander flüchtige Männerfreundschaften schlossen, keine dieser nervösen Zerstreuungen konnte den wahren Ernstfall ersetzen, dem sie alle entgegenfieberten.

Ja, es herrschte Krieg, schon wieder – kaum daß der alte Kalte Weltkrieg an sein Ende gekommen war. Kuwait war zwar weit weg, Bagdad ebenso, aber Krieg zwischen Jordanien und Israel herrschte sowieso, furchtbar lange, nicht zwanzig oder dreißig Jahre, seit der Staatsgründung des Judenstaats schon. Friede war danach nie geschlossen worden. Und jetzt war der Krieg wieder von neuem brandgefährlich aufgeflammt neben den alten Pulverfässern des Nahen Ostens.

Keiner hatte Israel in den ersten zwanzig Jahren energischer und härter bekämpft als die Jordanier. Briten hatten ihre Wüstenkrieger trainiert. 1948 hatte die legendäre »Arab Legion« in erbitterten Kämpfen den Juden sogar Jerusalem entrissen, mitsamt dem Judenviertel, für zwanzig lange Jahre, während deren die Grenze zwischen den beiden Staaten quer durch die Hauptstadt verlaufen sollte. – Und ja, keiner hatte auch empfindlichere Niederlagen und Gebietsverluste durch Israels Panzertruppen und Fallschirmjäger erleiden müssen als ihr kleiner König. So weit das Auge reicht – alles, was wir vom Berg Nebo aus im Westen sehen konnten –, gehörte einmal ihm und seiner Dynastie: 1948 hatte Jordanien es sich einverleibt. 1967 war sein Königreich dann in sechs Tagen in voller Länge vom Galiläischen bis zum Toten Meer von den Israelis über den Jordan zurückgedrängt worden. Mitten in der Intifada hatte der immer bedrängte König später dann die verlorenen Gebiete in einem seiner letzten Schachzüge in die Unabhängigkeit entlassen: als das neue Palästina. Er wollte schon lange, was in dieser Region am schwierigsten zu haben ist: Ruhe und Frieden.

Der arme König. Denn mit der Kriegserklärung Saddams an den Westen war er nun plötzlich wieder zwischen Hammer und Amboß geraten. Jedermann wußte: Wenn einer, dann wollte er diesen Krieg nicht mehr. Schon immer waren ihm seine Freunde gefährlicher als alle seine Feinde gewesen. Seines neuen Freundes schien er sich nun endlich überhaupt nicht mehr erwehren zu können, den er auf allen Plakaten mit demonstrativem Händeschütteln zu besänftigen suchte. War das das Ende Jordaniens? Würden die Panzerverbände, die jetzt noch in der Jordansenke lauerten, bald über Amman nach Bagdad vorstoßen? Würde ein Blitz vom Himmel die Erde spalten? Die Nerven waren in den letzten Jahrzehnten selten gespannter als in diesen Wochen.

Und nun ist dieser gleiche lange Krieg feierlich an

sein Ende gekommen. Wie wunderbar. Gestern, dem 26. Oktober 1994, hatten alle Fernsehsender und Radiostationen des Landes von nichts anderem als der festlichen Zeremonie in der Arawa-Wüste berichtet. Ein flimmernd heller Tag. Gestern hat der König seinen Kopf endlich vollends aus der Schlinge gezogen. Oder hat er ihn nun vielleicht endgültig hineingesteckt? Diesmal logieren die ausländischen Friedensberichterstatter im neuen überaus prächtigen Marriott-Hotel. Friede zwischen Israel und Jordanien. Endlich. – Doch hat ihn nicht, paradox genug, vor allem Saddam Hussein gestiftet? Den Friedensnobelpreis wird er dafür gewiß nicht bekommen. Und doch: Alles war ganz anders gekommen, als er – und jedermann – es sich vorgestellt hatte. Aber ist nicht dennoch alles wegen ihm nun so gekommen?

Israel hatte stillgehalten. Die Scuds hatten Bilder von jüdischen Müttern und Kindern in Gasmasken um die Welt getragen. Saddam hatte die freie und weniger freie Welt noch einmal, zu einem letztenmal, zu einem Bündnis zusammengeschmiedet. Dank seiner »Mutter aller Schlachten« werden seitdem alle Karten der Region neu gemischt und gezeichnet. Der gestrige Handschlag der israelischen und jordanischen Generäle wurde in dieser Schlacht vorbereitet, desgleichen der Handschlag Arafats mit Rabin. Der ebenso unglaubliche wie unglaublich schwierige Friedensprozeß des Nahen Ostens hat in Bagdad begonnen. Doch nein, eine Friedenspalme wird Saddam Hussein deshalb wohl keiner überreichen.

Und ungeachtet seiner Verdienste fand sich gestern auch kein einziges Konterfei des Diktators mehr in der Stadt. Am Abend hatten wir uns verfahren. Alle fünfzig Meter war auf der Ausfahrtsstraße in den Süden ein Soldat hinter den Leitplanken postiert, hin und wieder auch ein Jeep mit aufgepflanztem MG. Als wir zurückwollten, war plötzlich die ganze Schnellstraße gesperrt. Wir wichen über holprige Schleichwege aus. Doch plötzlich landeten wir wieder an einer Einfahrt der gesperrten Autobahn, wo uns ein freundlicher Soldat rechts und einer links mit entsicherten Gewehren davon überzeugten, daß wir hier warten müßten, nur eine kleine Weile, eine halbe Stunde vielleicht, oder auch zwei. Zwanzig Minuten später raste eine Kolonne mehrerer Pullmans über die neonüberflutete Autobahn heran und verschwand einen Herzschlag lang an uns vorbei in der Nacht: der Präsident der Vereinigten Staaten von Amerika, als schwerbewachter Friedensengel, frisch aus der Arawa-Wüste auf dem Weg zum Parlament des Königs. Weitere zehn Minuten später wurde dann auch unser Weg zurück in die Stadt freigegeben. Zurück in das freundliche Amman. Offene LKW mit singenden Soldaten fuhren an uns unter den Palmen vorbei.

Amman ist schön: in ein Bouquet von Azaleen, Oleander und Bougainvillen gebettet, in so vielen Tälern erbaut, wie Jerusalem Hügel hat, so jung, wie Jerusalem alt ist, sehr groß und trotzdem ohne Slums, ohne Bettel. Das grün-weiße Amman: modern, kultiviert, elegant, ganz orientalisch und trotzdem unaufdringlich, sehr lebendig und dennoch ohne die Enge vieler anderer Basarstädte. Zwischen einem Viertel und der Hälfte aller vier Millionen Jordanier soll hier leben. Das Land soll arm sein. Hier sehen wir es nicht. Statt dessen: feudale neue Paläste an welcher Ecke auch immer, die geschmackvollsten Neubauten, die ich seit langem gesehen habe, unverschämt offen und nahe an der Straße, wo ein ähnlicher Reichtum in Israel völlig nach innen gekehrt wäre. Manche Viertel sind wahre architektonische Träumereien. Der Taxifahrer seufzt, als wir ihn bitten, den Taxameter anzumachen.

In der jungen Altstadt sind die Läden geschlossen, des besonderen Feiertags und neuen Friedens wegen. Dennoch sind unter dem Kastell und vor dem römischen Amphitheater schwerbewaffnete Soldaten in Kompaniestärke aufgezogen und zeigen den Passanten ihre Instrumente. An der Dunshwai Straße fahren wir an der neuen Abdallah-Moschee des Königs vorbei, dem Wahrzeichen der Stadt, dessen Kuppel die Muslime von Casablanca bis Djakarta augenblicklich daran erinnert, daß Melek Hussein nicht nur Herrscher Jordaniens und Abkomme des Propheten ist, sondern auch Wächter des Tempelberges von El Kuds, dem heiligen Jerusalem.

Selbst über den Abgrund der tiefen alten Front hinweg standen die beiden Städte deshalb schon immer im Dialog wie kaum zwei andere Orte auf der Welt: die eine Stadt am östlichen, die andere am westlichen Kragenrand des tiefsten Grabens der Erde, beide etwa auf gleicher Höhe, Amman und Jerusalem um die 800 Meter über dem Spiegel des Mittelmeers und die Jordansenke zwischen den beiden 1200 Meter unter sich. Beide glühen abends auf im gleichen Schein, im gleichen Licht, in dem der Felsendom Jerusalems über dem Himmel Ammans als ständige Fata Morgana schwebt – und auf den 20-Dinar-Noten, auf unzähligen Graffiti, in Fernsehspots, immer neben dem König. »Jerusalem ist die Essenz des Friedens!« war der Kernsatz seiner sanften und endlos langen Rede gestern vor dem Parlament. Selbstredend ist sein Anspruch alles andere als unumstritten.

Doch zweifelsohne ist das zähe Festhalten des Königs in dem komplizierten Schach des Orients nun zum Motor, Pfand und zu der wichtigsten Klammer des vielleicht raffiniertesten Friedensschlusses geworden, den die Region in diesem Jahrhundert gesehen hat. Denn wer, außer Israel, kann und will dem König vor dem entstehenden Palästinenserstaat seine alten Rechte auf die heiligen Stätten sichern? Jetzt hat er sie vor aller Welt feierlich von Rabin und Peres bestätigen und unterstreichen lassen, für immer. Jetzt sind die umstrittenen heiligen Stätten zum Schlüssel geworden, mit dem hier endlich ein völlig neuer Raum in dieser Region eröffnet werden könnte.

Doch obgleich der Felsendom in Jerusalem jetzt theoretisch gleichsam wie in einer fernen Enklave – inmitten Israels und Palästinas – immer noch auf jordanischem Territorium liegt, ist es noch ein langer Weg, bis König Hussein dort wirklich auch nur einmal beten kann, gewissermaßen in seinem vornehmsten Eigentum, wo sein Großvater erschossen wurde. Keiner weiß heute zu sagen, ob und wann es wohl jemals dazu kommt: zu diesem einfachen Gebet. In Jerusalem ist nichts einfach.

Im Hotel kommen wir mit Ahmed, dem Nachtportier, ins Gespräch. Ob diesem Frieden auch zu trauen ist, interessiert ihn weniger als die Frage, ob die gewieften Israelis die gewieften Jordanier in diesem Geschäft vielleicht nicht doch über die Theke gezogen haben oder nicht; ihn interessieren die Piaster, Dinare und Schekel, die unter dem Strich der Bilanzen erscheinen werden. Über den inneren Frieden macht er sich weniger Sorgen. »Der König hat das Land im Griff. Jordanien ist Gott sei Dank klein, nicht wie Algerien oder Ägypten.« Daß sich alles ändern wird, scheint ihm gewiß; von den legendär schönen Frauen, die bald aus Haifa und Tel Aviv ins Land strömen werden, erwartet er eine wahre Umwertung aller Werte. Während wir bei ihm stehen, strömen kichernde Jugendliche mit geröteten Gesichtern vom ersten Stock an uns vorbei ins Freie. Laute Rockmusik dröhnt herab. Feiern sie den Friedensschluß? Munir sieht uns amüsiert an. Halten wir die Jordanier vielleicht für Wilde? Das ist eine normale Party, in einer unpathetischen Welt. Diese Schüler und Schülerinnen feiern schon lange das ganz normale zivile Leben.

Wir sind erst gestern mittag auf gut Glück von Jerusalem herübergekommen, nachdem wir fast eine Woche lang den Weg erkundet hatten, durch Israel und das neue autonome Palästinensergebiet von Jericho, über viele alte und neue Grenzen hinweg. Denn es gibt viele Straßen und Wege von Amman nach Jerusalem und umgekehrt, und noch mehr Irrwege. Neben der neuen Autobahn, die jetzt von Amman in das Tal hinunterführt, liegt ein wahres Gewebe von Umwegen, besonders unten im Jordantal. Von hier aus ist Jerusalem wahrhaftig eine Stadt auf dem Gipfel der Berge, fern im Westen und geradewegs unter dem Himmel, schon wieder mit bloßem Auge zu sehen. Hier unten führt ein regelrechter Kamm von Sackgassen auf den Jordan zu, die alle plötzlich im Nirgendwo enden.

Nur in die eine oder die andere Richtung die Grenze zu passieren war gewöhnlich nie ein Problem – wenn man zwei Pässe und ein jordanisches Visum hatte. Auf dem gleichen Weg zurückzukehren war immer schwierig. Wir hatten aber weder zwei Pässe noch ein Visum. Und jetzt wußte plötzlich keiner mehr, was möglich und unmöglich war und ist. »Ohne Visum läuft nichts!« sagte der Konsul im fernen Bonn am Telefon. »Dafür müßten Sie hierherkommen oder den Paß schicken; auf ein Stück Fax-Papier geben wir natürlich keinen Visumstempel.« Kurz und gut, er kann nicht helfen. In Jerusalem selbst gibt es noch kein jordanisches Konsulat und unten am Jordan sowieso keine Visa; die Allenby-Brücke ist ja kein Grenzübergang, sondern ein Nadelöhr durch die Front.

Mr. Kuba, unser Reiseagent, konnte da schon eher helfen. Für circa vierhundert Dollar pro Person bot er einen Flug von Jerusalem nach Kairo und von dort nach Amman an, wo Visa auf dem Flughafen erteilt werden. Direktflüge gibt es nicht. Selbst unmittelbar an der Grenzstation gab es keine verläßlichen Auskünfte über eventuelle neue Regelungen auf der anderen Seite. Am Freitag ist das Tor den halben Tag geschlossen, am Samstag ganz und an den anderen Tagen nur von neun bis fünf geöffnet.

Und dann wurden wir gestern mittag plötzlich einfach so hinübergewunken, ohne Problem, genauso wie heute mittag wieder, in umgekehrte Richtung, ohne jede neue Regelung.

Wir sind mit dem Bus von Amman in das Tal hinab gefahren, wo sich bis zum Jordan hin Autokolonnen in der Morgenhitze stauen. Der Klimaanlagen wegen laufen die Motoren der Busse unentwegt. Nach einer kleinen Stunde auf der jordanischen Seite erscheint der Pendelbus zur israelischen Station. Es gibt etwas Gerangel um die viel zu wenigen Sitze für die vielen Wartenden. Dann geht es wieder los, durch eine fahlweiße Mondlandschaft. In einem kleinen Schilf- und Eukalyptushain führt eine rumpelnde Holzbrücke über einen grünen schmalen Fluß: den Jordan. Dahinter ein blau-weißes Eisengitter, ein Soldat schiebt es langsam auf, eine Burg aus aufgeschichteten Betonklötzen und Stacheldraht daneben: Israel. Dann noch eine Sperre, noch einmal drei Kilometer Mondberge bis zu einer letzten Schranke, und schon sind wir im Hoheitsgebiet von Jericho, nach zwei Stunden für vier Kilometer. Eine Stunde später sind wir in Jerusalem.

Da dauert es keine fünf Minuten, bis ich Kevork in seinem Stammcafé hinter dem Jaffa-Tor wiedergefunden habe, unseren armenischen Gewährsmann. Er wird noch in diesem und dem Nachbarcafé seinen Lebensabend verbringen. Heute erkenne ich ihn von hinten an seinem alten Pullover wieder, vielleicht, weil das Café gerade renoviert und die Preise erhöht wurden und überhaupt die ganze Ecke von Jahr zu Jahr mehr erglänzt. Der frische Tee und der Mokka schmecken hier allerdings immer noch gleich gut und stark – und genauso wie gestern abend in Amman.

Der unverwüstliche Mr. A. ist letztes Jahr ermordet worden, erzählt Kevork. Kein Mensch weiß warum. Es ist nicht zu fassen. Ist er dafür den Massakern in der Türkei entkommen? Hat er dafür seine ganze Familie um Jahrzehnte überlebt? Ich habe jetzt noch sein Lachen im Ohr; knapp hundert Meter von diesem Café habe ich es zuletzt gehört. Es ist unglaublich. Aber nein, in seiner Küche haben Unbekannte ihn erschlagen, genau da, wo ich ihn vor Jahren mit Kevork kennengelernt habe. Kevorks Freund Albert Aghazarian hat inzwischen Karriere gemacht. Er ist jetzt einer der Chefberater der Palästinenser in dem zerbrechlichen Friedensprozeß. In Oslo war er als Denker beteiligt, in Madrid saß er mit am Tisch.

Als wir letzte Woche ankamen, hatte gerade ein Selbstmörder in Tel Aviv einen vollen Bus auf dem Dizengoff-Platz in die Luft gejagt. Geht das Blutvergießen nun wieder los? Oder wird es jetzt vielleicht eher doch noch einmal ein Ende finden? Kevork schüttelt den Kopf: »Nein, nein, dieser Friede hält nicht. Er hat hier noch nie gehalten. In einem Jahr wird Hussein erschossen sein! Sein Großvater wurde für viel weniger erschossen.« Er sieht mich an und wartet vergeblich auf eine Reaktion. »Und was ist dann? Jetzt hat der König nur zwei Millionen Gegner. Zwei Millionen sind nicht viel, nicht wahr. Aber die Jordanier sind ein kleines Volk, anders als die Algerier oder Ägypter. Auch die loyalste Armee kann auf Dauer nicht zwei Millionen in Schach halten. Zwei Millionen sind viel zuviel.« Und wenn nun alles ganz anders kommt? »Dann ist das Land zu klein für den Frieden. Die Zahl der Liebhaber ist zu groß. Nimm allein Jerusalem: Ist es nicht die einzige Stadt, wohin selbst Menschen Heimweh bekommen, die noch nie hier waren, geschweige denn hier herstammen, Millionen von Wildfremden?« Er lächelt fein: »Stell dir also vor, es gäbe wirklich Frieden, und sie kommen jetzt alle. Es wäre eine Katastrophe. Die Welt würde der Stadt die Türen einlaufen. Es wäre – wirklich – ein unvorstellbarer Sturm und nicht auszuhalten. Die Welt würde Jerusalem überrennen. Nein, das Land ist wirklich zu klein für den Frieden. Das Land würde ertrinken in seinen Gästen. So wird unsere Friedensdividende aussehen.«

Das ist nicht ganz aus der Luft gegriffen. Erst vorgestern hatte Mr. Kunz, der Hotelmanager, davon erzählt, daß die Kapazität der Hotelbetten in Jerusalem von derzeit sechstausend in den nächsten fünf Jahren auf vierzehntausend anwachsen soll. So etwas hat er noch nirgendwo erlebt, in keiner einzigen der vielen Boomtowns dieser Erde. Das sei absolut ohne Vergleich. Noch reiben sich die meisten Geschäftsleute darüber die Hände. »Was besser geworden ist?« hatte der Taxifahrer vorhin unsere Frage wiederholt und gleich geantwortet: »Alles, bis auf die Stimmung.«

Kevork zieht darüber kaum eine Braue hoch, lehnt sich zurück und rührt seinen Tee, ungerührt. »Alles, ja? Ja, jetzt wird alles ganz normal. Aber auch die Normalität wird hier noch einmal etwas normaler als sonstwo werden. Hast du schon einmal etwas von der Menge der russischen Hurenimporte nach Tel

Aviv gelesen? Und von den Drogen gehört?« Er schiebt die Schale mit frischen Datteln herüber und schüttelt dazu Zahlen allein für die Drogenfälle innerhalb der Altstadt aus dem Ärmel, daß einem schwindlig wird. Ob sie stimmen, ist eine andere Frage.

Keine Frage gibt es im Blick auf die düstere Faszination der Vision, die er da an die Wand malt über die Probleme und Gefährdungen, die ein neuer Welttourismus dieser Gegend im Frieden bringen könnte. Und auf andere Fragen wüßte auch Kevork keine Antwort; keiner hat darauf eine Antwort. – »Der Sklavenhandel, der Weltdrogen- und Waffenhandel wird hier seine Zentrale errichten, wo sonst! Schon jetzt ist Israel die Drehscheibe aller heißen Transporte des Nahen Ostens, und Tel Aviv seine Vergnügungs-Metropole.« Auch das stimmt. Israel hat sich schon im Kriegszustand rasant verändert. Was soll aus dem Land im Frieden werden? Was wird, wenn die vergnügungssüchtigen Prinzen aus Kuwait und Saudi-Arabien – die sich jetzt noch im Es-Sara-Restaurant in Amman langweilen – wirklich einmal auf der Dizengoffstraße mit russischblonden Gespielinnen herumlümmeln möchten? Wenn israelische Polizei Scheichs in ihren Casinos und bei ihren Orgien und die Geschäfte der Mafia vor Selbstmordkommandos der Hamas und Anschlägen jüdischer Ultras schützen muß?

Aber ist das überhaupt vorstellbar? Was soll dann aus Israel werden? Ein gigantisches Monte Carlo? Ein neues Beirut? Geschäftsleute dafür gäbe es – natürlich – genug im Land. Aber wie reagiert dann die Judenheit und Israel, wenn Eretz Israel von innen her zu einem neuen Baalsstaat würde, zu einem neuen Kanaan? Wie auch immer: Die Zeit der wahren Prüfungen Israels steht erst noch bevor. Denn was dieser Staat denn nun eigentlich sein soll, diese Frage war ja im Krieg nicht schwer zu beantworten: ein Schutzraum seiner Bürger. Was soll er aber im Frieden sein – wenn die Ordnung des Krieges und Todes dem Chaos des Lebens zu weichen beginnt? Nur eins scheint schon jetzt gewiß: Der Friede wird noch schwieriger als der Krieg.

Kevork läßt wie eh und je nicht zu, daß ich unseren Tee bezahle und lächelt, als ich wieder heimlich auf die Uhr schaue. Daß ich noch einen Termin habe, traue ich mich kaum zu sagen, doch trotzdem muß ich nun noch einmal schnell weg, zum Jaffa-Tor hinaus, die Stadtmauer entlang, quer durch die Stadt zum Scopusberg hoch, von dem herab alle Eroberer Jerusalems immer auf die Stadt geschaut haben. Hier parke ich den Wagen hinter der hebräischen Universität und laufe im Zickzack von einer auf die andere Straßenseite noch einmal die zweihundert Meter des Paßweges zum Augusta-Victoria-Hospital auf den Ölberg zurück, durch den lichten Pinienhain, der diese einzigartige Wasserscheide bedeckt. Rechts unter dem Kamm liegt Jerusalem im Abendlicht, das neue jordanische Königsgold des Felsendoms zum Greifen nah. Links unten treibt ein Palästinenser mit wehendem Kopftuch ein paar schwarze Ziegen durch das Geröllfeld den Abhang hoch, mit dem dort die jüdaische Wüste beginnt.

Von hier oben das Tote Meer zu sehen ist Glückssache, aber heute ist das Glück perfekt. Jetzt liegt es als makellos silberner Fleck da unten, ein ferner Kristall, mit Schlieren aus Türkis, ein Spiegel des Himmels und der Erde, jetzt klopft das Herz bis zum Hals. Über Jerusalem ist die Sonne hinter den neuen Vorstädten verschwunden. Schnell werden im Osten die Wolken über den Bergen violett: ein flammendes Gebirge in der Luft. Und darunter, ganz vage im Dunst: der Nebo, auf dem wir heute morgen noch gestanden sind. Noch vor Sonnenaufgang hatten wir uns diesmal heute früh da hinten, da drüben aufgemacht, um von dort aus mit dem Feldstecher den Beginn dieses neuen Tages zu verfolgen, völlig allein. Es war ein Tag wie ein Jahr, und ein unfaßbarer Blick. Alles an diesem Landstrich ist groß. Jerusalem da hinten auf dem Berg, Amman da vorne hinter dem nächsten Hügel – und die Wiege der Weltgeschichte dazwischen, in einer Landschaft wie vor aller Zeit. Kann die Achse dieser beiden Städte vielleicht noch einmal den Lauf der Welt umdrehen – wenn jetzt wirklich zusammenwachsen sollte, was hier schon in der Frühzeit der Erde einmal auseinanderbrach? Gehört es zusammen?

Näher als hierhin ist Moses dem Gelobten Land nie gekommen. Auf genau diesen Felsvorsprung – in dieses gleiche Vogelgezwitscher hinein – hatte Gott ihn geführt, um ihm das Land zu zeigen, das er nicht mehr betreten durfte. Genau diesen Blick eröffnete er ihm. Wie heute lag auch damals schon da unten die Oase Jericho, voller Quellen, zum Platzen fruchtbar, darin die älteste Stadt der Welt. Vierzig Jahre in der Wüste hatten die Kinder Israels gelehrt: Die Erde war

überall sonst schon besetzt, auf der Gott seinem auserwählten Volk nun endlich ein Stück eigenes Land
schenken wollte. Doch schenken?

»Steig auf den Berg Nebo, der in Moab gegenüber
Jericho liegt«, sagte Gott damals zu Moses, »und
schau auf das Land, wo Milch und Honig fließen, das
ich Abraham, Isaak und Jakob mit dem Schwur versprochen habe: Deinen Nachkommen werde ich es
geben, damit sie es in Besitz nehmen.« Und dann
zeigte er ihm von hier aus das Westufer, alles Land
jenseits des Jordan, das prächtige Bergland, den
Talgraben, die Palmenstadt, Judäa bis hin zum Mittelmeer: das ganze herrliche Gebiet der kampfer-
probten, bis an die Zähne bewaffneten Kanaaniter.

(1994)

II

Nabel der Welt – der Tempelberg

Geruch verbrannter Autoreifen hängt über dem Tempelberg. Das Brenzlige verläßt diesen Gipfel nicht. Um Mitternacht waren wieder Schüsse aus dem Dorf Silwan im Kidrontal bis hier oben hin zu hören. Nun streicht der letzte Atem der Nacht kühl durch das Flüstern des Zypressengartens, der Kiefern, der Pinien, der Ölbäume des Plateaus. Hier, und nicht in Hebron, Damaskus oder gar der Hölle, liegt die letzte und brisanteste Mine der Welt auf dem Weg zum Frieden begraben. Keiner weiß sie zu entschärfen. Es ist ein verborgener Berg – von einer Mauer umgeben und aufgefüllt –, versteckt in einem erhöhten Platz. Alle Hügel, die ihn umringen, sind höher: der Ölberg, der Zionsberg, Golgota.

Jetzt färbt sich der Kamm des Ölbergs gegenüber rot. Die Vögel erwachen. Kein Auto stört ihr Jubilieren, kein Verkehr, nur Schritte und Stimmen wie in Venedig, nur Menschen. Drei, nein, vier Muezzins erheben ihre Stimmen aus verschiedenen Minaretten über den Dächern Jerusalems. Hoch oben vereinen sich ihre »Allahu akbar«-Rufe zu einer einzigen

Ergreifung der Seelen. Von Gethsemani her läutet Glockengebimmel aus der russischen Kirche dazwischen. Ja, Gott ist groß! Ein neuer Tag. Jetzt liegt der Platz auf dem Berg in seiner Umfriedung da wie eine Pforte zum Ewigen: Schnittmenge zwischen Himmel und Erde. Ein entbannter, herausgeschnittener Bereich der Seligkeit in dieser Welt.

Gewiß hat Jesus aus Nazareth in der Nacht vom 9. auf den 10. April im Jahr 30 nach seiner Geburt von dem Abhang gegenüber immer wieder hierhin hochgeschaut: zum »Haus seines Vaters«, wie er den Tempel nannte. Als er Blut schwitzte, türmten sich diese Mauern im Vollmondlicht vor ihm auf. Als ihn die Tempelwache verhaftete, glänzte das Golddach des Allerheiligsten silbern wie ein Meteorit durch das Geäst der Ölbäume zu ihm herunter. Eine Rauchfahne zog in den Himmel. Als er einen Tag später – da drüben, hinter der westlichen Stadtmauer – hingerichtet wurde, schlugen ihn die Römer mit Blick auf den Tempel ans Kreuz. Das Heiligtum spiegelte sich in seinen blutverschmierten Augen, als sie brachen. Um diesen Berg dreht sich die Welt.

Darum bewachen auch heute wieder Soldaten mit Walkie-talkies in den Toren und Scharfschützen mit Präzisionsgewehren auf den Dächern rund um die Uhr das erhöhte Rechteck. Es ist der sensibelste Bereich des ganzen Planeten geblieben, kein Platz des himmlischen Friedens, obgleich für Muslime das prächtige Viereck dem Paradies am nächsten ist.

Dazu ist es – um es kurz noch einmal zusammenzufassen – aus fünf Gründen gekommen. Erstens ist der flache Berg seit dreitausend Jahren eindeutig lokalisierbar. Hier und nirgendwo anders stand darum, zweitens, ungefähr tausend Jahre lang – bis zum Jahr 70 nach Christus – der erste und zweite Tempel der Juden. Drittens befindet sich seit dem Jahr 638 nach Christus aber auf dem gleichen Platz das drittheiligste Schmuckstück des Islam, seit über dreizehnhundert Jahren schon – gut dreihundert Jahre länger, als jemals dort ein Tempel stand. Viertens liegt die Zerstörung des jüdischen Tempels durch den römischen Imperator Titus schon mehr als neunzehnhundert Jahre zurück; der muselmanische Felsendom aber erfreut noch heute die Augen – über heiligstem jüdischen Boden, seit seiner Grundsteinlegung. Exakt in diesem kleinen Rechteck überlagern und verklammern sich deshalb die fundamental unvereinbarsten Ansprüche der Welt. Denn fünftens liegt ja nun die Stadt seit 1967 wieder ganz in jüdischer Hand, erstmals seit den Tagen Roms, nicht aber der Tempelberg in der Mitte der Stadt: das Allerheiligste ihrer Väter. Jeder in Israel – und jeder in Palästina – weiß das. Und jeder sieht es. Denn auf, vor und unter dem Tempelberg ist diese Geschichte für immer Stein geworden.

Das muß sich also jeder zuerst und immer wieder vor Augen halten, der auf Jerusalem schaut, es kann überhaupt nicht scharf genug festgehalten werden. Denn es ist ja überhaupt nicht das Problem der Stadt, daß sie drei der höchsten und ehrwürdigsten Heiligtümer der drei rivalisierenden monotheistischen Religionen auf engstem Raum in der kleinen Altstadt beherbergen muß. Nein, das ganz und gar unlösbare Problem Jerusalems ist und bleibt, daß hier das drittheiligste Heiligtum des Islam anstelle – und auf der Stelle – des ehemals einzigen jüdischen Allerheiligsten errichtet wurde, schöner als jedes andere Bauwerk der Welt. Es ist ein Drama, so verstrickt und explosiv, daß davon kaum gesprochen werden darf.

Auch darum wird der alte Westwall des Berges, über dem der Felsendom funkelt, wo einmal die goldene Krone des Tempels der Juden leuchtete, bis heute immer wieder »Klagemauer« genannt. Doch an jedem Freitagabend – wenn der Sabbat beginnt und oben vor der Al-Aksa-Moschee die feierlichen Freitagsgebete zu Ende gehen – gleicht der Platz vor der Mauer der Eröffnung einer Ausstellung: einem erregten Drängen, die Luft Champagner, das Licht einem Leuchten, tausend Stimmen einem einzigen Singen und Summen. Es duftet nach Myrrhe und anderen Aromakräutern, die vor den Quadern zerrieben werden. Die Steinwand ist ein beispielloser Magnet für die Judenheit der ganzen Welt und war es immer schon. Für die Frommen nistet die Gegenwart des Heiligen in ihren Poren und Ritzen wie ein Vogel. Jeder Spalt der Mauer ist vollgestopft mit Liebesbriefen. »Da, sehen Sie!« faßt mich mein Nachbar vor den Steinen am Arm und zeigt nach oben: »Sogar die Tauben beten hier!« Ich sehe zu den Spatzen, den Grasbüscheln und wilden Kaperstauden hoch. – Ja, zu viele Liebhaber lieben den Berg wie verrückt. Darum fürchten die Besonnenen im Lande ihn auch wie einen endzeitlichen Vulkan.

»Als Gott Adam aus Lehm erschuf«, erzählt Rabbi Itzchak Kolitz am nächsten Tag mit blitzenden Augen, »nahm er Erde von diesem Berg. Nicht Tempelberg, sondern ›Gebirge des Hauses‹ nennen wir ihn auf hebräisch, oder ›Ein Berg und ein Haus‹.« Mit dem Oberrabbiner der Stadt aus dem fernen Litauen kommen wir zum Anfang der Geschichte zurück, die zu unserer Erinnerung hier unbedingt noch einmal kurz erzählt werden muß. Verstehen werden wir sie auch dann nicht. Doch wie man Jerusalem von Haus zu Haus durchqueren kann, ohne auch nur ein einziges Mal in die Straße zu treten, so ist es auch mit der Geschichte dieses Berges. Alles ist hier mit allem verbunden. Von der Schöpfung der Erde bis zu ihrem Jüngsten Gericht verläuft eine Achse geradewegs durch den Gipfel dieses Berges: sie durchbohrt ihn. Ein »durchbohrter Felsen« wird von alters her in der Mitte verehrt, wo die Muslime den Nabel der Welt verehren, wohl ein frühgeschichtlicher Opferstein. Das wird die Stelle sein.

»Auf diesem Felsen war es«, fährt Rabbi Kolitz lächelnd in seinem Liebeslied fort und streicht sich wieder durch den Bart, »hier war es, wo Abraham mit seinem Sohn Jitzchak auch dessen Sohn Jakov und sein ganzes Haus für immer an Gottes Willen wie auf einen Holzstoß gebunden hat: all seine Nachkommen, das ganze Volk Israel. Das geschah auf diesem Stein!« Die Anfänge des Berges verlieren sich zwar im historischen, nicht aber im biblischen oder theologischen Dunkel. Im Gegenteil.

»Abraham, Abraham!« hören wir darum gleich hinter Rabbi Kolitz eine Stimme aus den ersten Seiten der Schrift rufen. »Abraham antwortete: ›Hier bin ich!‹ Da sprach Er: ›Nimm deinen Sohn, den einzigen, den du liebhast, den Isaak, und gehe in das

Land Moria, um ihn mir dort auf einem der Berge, den ich dir zeigen werde, als Holocaust: als Ganzopfer, zu schlachten und zu verbrennen!‹«

Das wird in der mittleren Bronzezeit gewesen sein und ist, was die Identität des Platzes betrifft, für viele eine Legende. Alles andere als eine Legende ist hingegen, daß nachfolgend im gleichen Abschnitt der Genesis in nur fünf Zeilen der Weg von den Naturreligionen, wo die Erstgeborenen den Göttern gehörten, zu der Offenbarung beschrieben und durchschritten wird, nach der Gott keine Opfer mehr will. Er selbst verbietet hier das Menschenopfer. Mit Isaak nimmt er erstmals einen Menschen aus der Kette der Menschenopfer heraus.

Als Erinnerung daran hörte deshalb später auf diesem Berg das Blut der Tieropfer nicht mehr auf zu strömen. Doch damit tritt der Berg schon aus den Schatten der Frühzeit, in dem sich sein Gipfel noch im Nebel uralter Überlieferungen verliert, in das harte Licht vielfältig bezeugter Geschichte. Es macht sie nicht einfacher.

Denn um das Jahr 1000 v. Chr. beginnt für den Berg auch die archäologisch erhärtete Geschichte, als König David den Jebusitern jene kleine Stadt abnahm, die erst in den letzten Jahren nur gut zweihundert Meter südlich des Tempelbergs wieder ausgegraben wurde. Was den Tempelplatz selbst betrifft, erzählt die Chronik, daß David danach dem Jebusiter Arauna das Gelände oberhalb der Stadt für fünfzig Lot Silber abkaufte.

Etwa im Jahr 966 hat Davids Sohn Salomo dann auf dem Berg mit dem Bau des ersten Hauses für den einen und einzigen Gott der Juden begonnen, das heißt genauer: für sein Gesetz vom Sinai, für die Bundeslade. Damit wurde der Berg, der bis heute das Herzstück der Stadt geblieben ist, neben dem Sinai auch zum Herzstück der Geschichte Israels. Den legendär prächtigen Prachtbau dürfen wir uns etwa in den Ausmaßen einer heutigen Dorfkirche vorstellen. Zur Einweihung hatte der König Rinder und Schafe sonder Zahl als Heilsopfer schlachten lassen. Dieses Haus zerstörten die Babylonier im Jahr 586 vor der Zeitenwende. »Der König der Chaldäer ermordete mit dem Schwert ihre jungen Krieger in ihrem heiligen Haus«, lesen wir am Ende des zweiten Buchs der Chronik. »Er schonte weder den Jüngling noch die Jungfrau, weder den Greis noch den Mann mit grauem Haupt. ... Sie verbrannten das Haus Gottes und rissen die Mauern Jerusalems nieder. ... Alles, was von dem Schwert übriggeblieben war, führte Nebukadnezar gefangen nach Babel fort.«

Das war das erste einer ganzen Serie gut bezeugter Massaker, an denen dieser Platz so reich werden sollte wie kein zweiter in der Welt. Er ist mehrmals in Blut gebadet worden. Während sonst die Schlachtfelder jedoch fast überall im Lauf der Jahre über den Planeten gewandert sind, blieb dieser bevorzugte Ort für Blutbäder durch die Zeiten stabil.

Vierundfünfzig Jahre nach der ersten Zerstörung errichtete Nehemia über den Fundamenten des alten Hauses den zweiten Tempel, den Herodes der Große um 20 vor Christus ins gigantisch Maßlose erweiterte. Zwei Bücher erzählen von dem ersten Wiederaufbau. Wahrscheinlich stand das Tempelhaus nicht über dem

Felsen, über den sich heute der Felsendom wölbt. Vielleicht war die frühere Anlage kleiner – ein kleiner geheimnisvoller Knick in der Ostmauer deutet darauf hin. Doch Rückschlüsse auf salomonische Bauten oder auf die Tempelanlage des Nehemia lassen sich aus gesicherten Befunden bisher nicht gewinnen. Seit es die Archäologie als Wissenschaft gibt, darf hier oben kein Spaten in die Erde gebracht werden. Das gilt für das Plateau des ummauerten Berges. Vor dem Berg sieht die Sache anders aus; da sind – vor allem im Süden, wo Häuser oder Gräberfelder die Untersuchung nicht unmöglich machten – seit 1967 eine Unmenge archäologischer Zeugnisse ans Licht gebracht worden. Vom Tempel des Herodes erzählen deshalb nicht nur eine Vielzahl schriftlicher Quellen, sondern auch große Teile der Ummauerung und Umgebung des Berges, bei dessen Neuarchitektur römische Architekten und Techniker dem König geholfen hatten. Die Klagemauer ist der geringste Teil davon.

Das war der Tempel der Evangelien, ein schon in der Antike beispielloser Komplex, der bis zu einer halben Million Pilger faßte. Nichtjuden war der Zutritt zum Heiligtum bei Todesstrafe verwehrt. Erst vor wenigen Jahren wurden entsprechende Verbotsschilder auf Latein und Griechisch gefunden.

Der Rauch Abertausender Brandopfer hing immerzu wie eine schwarze Fahne über dem heiligen Viereck. An hohen Festtagen wurden Flavius Josephus zufolge täglich Zehntausende von Tieren geschlachtet und als Ganzopfer verbrannt. Blut aus unzähligen Kehlen sprudelte wie aus einer Quelle auf diesem Gipfel, bevor die Römer die Tempelanlage insgesamt in eine Rauchsäule verwandelten und keinen Stein mehr auf dem anderen ließen.

Die traurigen Blutbäder zur Zeit der Makkabäer und alle anderen Massaker und blutigen Verbrechen auf und um den Platz haben wir hier übersprungen. Kein Bericht über den Tempelberg kann die eigene Lektüre der Bibel ersetzen, die für das erste Jahrtausend vor Christus wie in einer Chronik immer wieder präzise wie von keinem anderen Areal vom Schicksal dieses flachen Gipfels berichtet.

»Einen Tempel sah ich nicht in der Stadt«, hören wir Johannes dann am Ende seiner geheimen Offenbarung im letzten Buch des Neuen Testaments in seiner Vision des Himmlischen Jerusalems sagen, als der letzte herodianische Tempel schließlich seit etwa zwanzig Jahren in Trümmern lag. Am 6. August des Jahres 70 hatte der Imperator Titus ihn in Brand setzen lassen. Die Zerstörung der stolzen Tempelanlage geschah nahezu vollständig. Der ganze Baukörper wurde geschleift, bis auf den Grundstock der Umfassungsmauern. Der Titusbogen in Rom erzählt die Geschichte bis heute an die Touristen aus aller Welt weiter. Das Bild ist weltberühmt, wie da Legionäre den siebenarmigen Leuchter und andere Kultgeräte aus dem Tempel im Triumphzug in die Hauptstadt der Welt einschleppen. »Hipp, hipp – hurra!« schrien sie. Das hieß: »Hierosolyma perdita! – Jerusalem gefallen! Jerusalem verloren!«

Wer konnte schon ahnen, daß Rom, die Beherrscherin des Erdkreises, jedoch vergehen und das kleine Israel zweitausend Jahre später in die Geschichte mit kaum mehr als drei umstrittenen Rechts- und

Besitztiteln aus der Bronze- und Eisenzeit zurück-
kehren würde? Nichts deutete darauf hin. Statt dessen schlug Hadrian fünfundsechzig Jahre später
ihren letzten verzweifelten Aufstand noch einmal
brutal nieder, verbot Juden danach die Stadt zu betreten und schändete den Tempelberg weithin sichtbar
durch die Errichtung eines Jupitertempels. – Dieses
heidnische Heiligtum zerstörte Kaiser Konstantin
um 323.

Die bis dahin verfolgten Christen, denen der gleiche Kaiser zu jener Zeit seine Gunst zugewandt und
die Herrschaft über die Stadt überlassen hatte, ließen
das Plateau danach als Trümmerfeld liegen: als sicht-
bares rohes Siegeszeichen der triumphierenden Kirche über die Synagoge. Es ist nicht auszumalen, was
wäre, wenn heute anstelle des muslimischen Felsendoms die erste Kirche der Christenheit auf dem Berg
stände, wirklich nicht.

Dreihundert Jahre lang blieb es dabei. Augenzeu-
gen jener Tage sprechen von Ruinen, »Aschenresten
des Heiligtums« oder von dem »zerstörten Altar«
und erwähnen »Teiche«. Ein Pilger aus Bordeaux
berichtet im Jahr 333 von einem »durchlochten«
Stein auf dem Tempelberg, zu dem damals die Juden
pilgerten, ihn mit Öl salbten, klagten, stöhnten und
ihre Kleider zerrissen, bevor sie wieder von dannen
zögen.

Im Jahr 636 – nur vier Jahre nach dem Tod des Propheten Mohammed – tauchte der Kalif Omar ibn al-
Kattab auf einem schneeweißen Kamel an der Spitze
eines Heeres von Mudschaheddin aus dem Süden vor
Jerusalem auf. Das grüne Banner des Islam wurde im

Galopp durch den Vorderen Orient getragen und aufgerichtet. Dennoch dauerte die Belagerung zwei Jahre, bis der Patriarch Sophronius dem Kalifen die Tore öffnete. Er betrat sie zu Fuß, barfuß. Zum erstenmal in seiner Geschichte blieb Jerusalem ein Blutbad erspart. Es gab kein Massaker. Omar schonte Leben, Besitz und heilige Stätten der Christen, beschlagnahmte jedoch augenblicklich den verwaisten Tempelplatz, ließ die aufgehäuften Trümmer und den Schutt beiseite schaffen, das Plateau mit Rosenwasser besprenkeln und auf seinem südöstlichen Teil eine erste Gebetsstätte errichten. – Fünfzig Jahre später begann sein Nachfolger, Kalif Abdul Malik ibn Marwan, mit der Arbeit am heutigen Felsendom über dem »durchlochten Stein« auf dem Gipfel des Berges. Jetzt ist es das älteste erhaltene Bauwerk des Islam. Damals war es das erste Hauptheiligtum der neuen Wüstenreligion – und bis heute ist es gewiß sein herrlichstes Haus.

»Ungläubige und Christen!« ruft ein abgerissener Bettler mit dicken Brillengläsern heute auf seinen Stufen den vorbeiströmenden Touristen nach, zahnlos, sabbernd, aber immer wieder und stolz: »Ungläubige und Christen haben uns diesen Dom bauen müssen. Hahaha!« Das stimmt. Christliche Architekten und Handwerker aus Syrien und Byzanz haben damals den »Söhnen der Zelte« das achteckige Juwel nach Maßen eben jener vorhin schon erwähnten geheimen Offenbarung des Johannes errichtet, nach denen auch schon die Grabeskirche in Jerusalem, Santo Stefano in Rom oder San Vitale in Ravenna erbaut worden waren – oder gut hundert Jahre später der Dom Karls des Großen in Aachen.

Das müssen wir uns vorstellen: Zu jener Zeit hatten die germanischen Stämme noch kein einziges mehrstöckiges steinernes Bauwerk nördlich der Alpen zustande bekommen. Seit dieser Zeit versiegelt der Bau den Platz. Seitdem bewachen die beiden Kuppeln des Felsendoms in der Mitte und der Al-Aksa-Moschee im Süden wie die Helme der Cherubim den verlorenen Paradieshof der Juden, der etwa ein Sechstel der ummauerten Altstadt einnimmt.

Dabei ist es bis heute geblieben. Im Mittelalter haben die Kreuzfahrer Europas die Herrschaft der Araber über den Berg zwar für achtundachtzig Jahre unterbrochen, nicht aber – oder nur unwesentlich – seinen Baubestand. Den Felsendom tauften sie im Juli 1099 in einen »Templum Domini« um, in einen »Tempel des Herrn«, und die Al-Aksa-Moschee wurde eine Marienkathedrale. Auf Karten dieser Zeit wird der Tempelberg als Mitte der Erde eingezeichnet: als Ausgangspunkt aller Koordinaten.

Dort selbst aber verwandelten die Ritter nach der Eroberung auch, wie es heißt, die Gebetsnische der Moschee in ein Pissoir, nachdem sie im Fußboden die geraubten Marmorplatten aus der Geburtskirche in Bethlehem entdeckt hatten. Im Orient vergißt man nichts, seien es alte Wahrheiten oder Verleumdungen. – In den Gebäuden westlich der Moschee hatte der Templerorden wahrscheinlich seinen Hauptsitz. Gewiß hatte er seinen Namen von diesem Berg. Die Lateiner aus dem fernen Westen waren jedenfalls die ersten und einzigen Christen, die jemals um den

Besitz des Tempelberges gekämpft hatten. Nach nur einmonatiger Belagerung hatten französische und deutsche Ritter die Stadt gestürmt.

In der Chronik der Eroberung liest sich das bei Wilhelm von Tyrus so: »Der größte Teil der Bevölkerung hatte sich auf den Tempelhof geflüchtet. ... Doch die Flucht brachte den Leuten keine Rettung, denn sogleich begab sich Herr Tankred mit dem größten Teil des Heeres dorthin. Er brach mit Gewalt in den Tempel ein und machte Unzählige nieder. ... Sofort gingen auch die anderen Fürsten ... mit einer Menge von Reitern und Fußvolk hinein und stießen, wen sie fanden, mit dem Schwert nieder, ohne jemanden zu schonen, und erfüllten alles mit Blut. Es geschah sicherlich nach gerechtem Urteil Gottes, daß die, welche das Heiligtum des Herrn mit ihren abergläubischen Gebräuchen entweiht und dem gläubigen Volk entzogen hatten, es mit ihrem eigenen Blut reinigen und den Frevel mit ihrem Tode sühnen mußten. ... Im Tempelbezirk sollen an die zehntausend Feinde umgekommen sein.« Das alles hat sich hier abgespielt, auf diesem gleichen Boden, über der Klagemauer. Denn es kann nur immer wiederholt werden: Kaum ein Ort ist über die Jahrhunderte hinweg genauer lokalisierbar. – Im Herbst 1187 holte sich Sultan Saladin den Berg zurück. Nachdem er im Juli des Jahres das fränkische Heer vor dem See Genezareth vernichtend geschlagen hatte, brauchte es hier keine Opfer mehr. Für ein Lösegeld von zwei Dinar pro Kopf ließ der Sultan die restlichen Franken ziehen.

Seit den Kreuzrittern ist der Corpus der Christenheit deshalb ganz heraus aus dem Spiel mit dem Feuer um diesen Berg. Seit damals ist den Christen, was den Tempel betrifft, nur noch der paradoxeste und kühnste Auftrag der Bibel geblieben: ein letztes Gotteshaus nicht aus Steinen, sondern aus Menschenleibern zu bilden, ohne Tempel in der leeren Mitte, eine neue Welt, eine neue Schöpfung. Dagegen ist es bis heute wahrscheinlich leichter zu glauben, daß sich hier eines Tages ein neuer dritter Tempel aus dem Himmel auf die Erde senken wird.

Bis Mitte des letzten Jahrhunderts waren die abziehenden Kreuzfahrer deshalb auch die letzten Nichtmuslime, die den Platz betreten hatten. Christen und Juden war seit damals der Zugang grundsätzlich verboten, bei Todesgefahr. Dann erst hatte sich die Kraft der islamischen Welt so weit erschöpft, daß die imperialistischen Staaten des Westens eine Öffnung des Bereichs für Reisende erzwingen konnten. Zu der Zeit lebten etwa siebentausend Muslime, fünftausend arabische Christen und zehntausend Juden in der orientalischen Kleinstadt. Dramatisch wie noch nie zuvor wurde die Situation dann im 20. Jahrhundert mit dem stetig anschwellenden jüdischen Einwandererstrom, der die Verhältnisse der Bevölkerungszahlen schließlich völlig veränderte und Israel 1948 den ersten Staat nach fast zweitausend Jahren bescherte.

Es war ein Wunder, wie es die Geschichte noch nie gesehen hatte, absolut beispiellos, und das nur drei Jahre nach dem wahrhaft und absolut apokalyptischen Holocaust in Europa, millionenfach. Und es ist immer noch unglaublich, daß es den Staat Israel seit unserem Jahrhundert wieder gibt. »Ja, es ist ein Wunder«, sagt der Schriftsteller David Grossmann heute, »daß meine Kinder sich erstmals und ganz selbstverständlich wieder in Hebräisch beschimpfen können.«

Erstmals seit Bestehen des Islam erlebten die Muslime damit aber auch die Juden – die sie immer als Bürger niederen Ranges gekannt hatten und von denen ihr Prophet nach dem Koran einmal sechshundert an einem einzigen Tag in Medina hatte köpfen lassen – in der Mitte ihrer eigenen Welt in einem eigenen starken und selbstbewußten Staat vor sich. Es war ein traumatischer Schock. Er hält bis heute an. Und es war ein noch größerer Schock, als der junge Staat neunzehn Jahre nach seiner Gründung mit dem Tempelberg auch noch ihr frühestes Heiligtum in seine Gewalt brachte – und sofort zurückgab.

Neunzehn Jahre lang hatte davor kein Israeli an der Mauer auch nur beten dürfen. Das Widderhornblasen war seit 1931 verboten. In der ersten Jahrhunderthälfte hatte es Massaker auf Massaker solcher Fragen wegen gegeben. Eine enge dumpfe Gasse lief an dem letzten zugänglichen Rest des jüdischen Heiligtums entlang. Durch alle möglichen Schikanen wurde der Zugang immer aufs neue verwehrt, immer wieder wurde die Mauer mit Exkrementen beschmiert.

»Wir sind an unsere heiligsten Stätten zurückgekehrt, um sie nie mehr zu verlassen«, verkündete General Dayan darum noch am Tag der Eroberung des Berges. Doch gleichzeitig ließ er auch die israelische Flagge wieder schnell vom Felsendom herunterholen, wo Soldaten sie im Siegesrausch aufgezogen hatten. Zu spät für ein Foto, das später durch die arabische Welt ging. Durch die westliche Welt ging das Foto der Fallschirmjäger, die vor der Klagemauer heulten wie Kinder. Über Nacht wurde nach der Eroberung der Altstadt ein ganzes muslimisches Viertel vor der Klagemauer niedergerissen. Auch die Mauer, die die Stadt durchtrennte, wurde umgelegt. Als Jahre später in Berlin die Mauer fiel, kamen dort nur Deutsche mit Deutschen auf beiden Seiten zusammen. Hier prallten verschiedene Welten aufeinander.

So wurden damals schon bald Stimmen laut, die die Entfernung aller muslimischen »Scheußlichkeiten« verlangten. Hatten nicht auch die Makkabäer 165 v. Chr. alle griechischen Götterbilder zerstört, als sie die Griechen von hier vertrieben? – Kurz darauf wurde den muslimischen Tempelbehörden von den städtischen Behörden der Israelis versichert, daß ihre Befugnisse auf dem Tempelberg nicht angetastet würden. Fromme Juden wurden von den Rabbinen auf das Verbot verpflichtet, den Boden des Allerheiligsten nicht durch Fußtritte zu entweihen. Da die genaue Lokalisierung nicht möglich ist, wurde das Tabu danach auf den ganzen Bezirk ausgeweitet.

Daß der Platz aber dennoch ein Magnet für Radikale, Verrückte und Spinner ist, an denen die Stadt ohnehin reicher ist als jeder andere Ort der Erde, läßt sich durch kein Verbot verhindern. Viele sind ungefährlich, wie der als David verkleidete Sänger, der seine selbstgemachten Harfenkassetten verkauft, manche brandgefährlich, wie Denis Rohan aus Australien, der im August 1969 die Al-Aksa-Moschee in Brand steckte, um damit die Wiederkunft des Messias voranzutreiben. Die Spuren sind bis heute zu sehen. Für die Muslime war es eine Katastrophe. Und auf jüdischer Seite hörten danach in der Stadt die Gerüchte nicht auf, daß durch den Brand und seine Folgeuntersuchungen im Gebälk der Moschee Zedernbalken aus dem Tempel Salomons entdeckt worden seien, den schon die Babylonier zerstört hatten. Explosiv gefährlich ist die Verbindung fundamentalistischer Juden und evangelikaler Christen aus den USA, die hier gemeinsam – mit buchstabengetreuem Unverständnis der Schrift und zusammen frisch bekehrt – die seit der Zeit Nebukadnezars verschollene Bundeslade wieder zutage fördern wollen.

Daß der Berg ein Augapfel der radikalen muslimischen Hamas ist, ist selbstverständlich. 1951 wurde König Abdullah von Jordanien vor der Al-Aksa-Moschee erschossen. Die Gruppe, der der Attentäter angehörte, hieß damals schon »Heiliger Krieg«. Im April 1982 lief Alan Goodman Amok, um den Tempelberg zu befreien. Immer wieder wurden danach Fanatiker verhaftet. 1985 wurde der Versuch einer Untergrundgruppe vereitelt, den Felsendom in die Luft zu jagen, wieder, um damit die Ära der Erlösung einzuleiten. Die Liste ist lang und wird sich fortsetzen.

In den Oktobertagen 1990, als die Welt vor dem Golfkrieg gegen Saddam Hussein den Atem anhielt, hielt die Nervenanspannung eine Gruppe ultraradikaler Juden am Laubhüttenfest nicht davon ab, auf den Tempelplatz zu ziehen, um dort ihren Grundstein für einen dritten und letzten Tempel loszuwerden, den sie dort anstelle der islamischen Heiligtümer

errichten wollen. Gewöhnlich ein Routinefall. Die
Polizei hält sie auf, es gibt eine kurze Ansprache über
Megaphon, und dann gehen sie wieder nach Hause.
Diese »Gläubigen des Tempelberges« sind in der
Stadt so bekannt wie das »Tempelinstitut« in der Mis-
gav-Ladach-Straße, wo schon alle Kultgeräte für den
Dienst im neuen, nächsten, letzten Tempel bereitlie-
gen und mit Computersimulationen das letzte Aller-
heiligste rekonstruiert wird. Doch diesmal kam alles
anders. Panik brach aus. Plötzlich regnete es über die
Beter an der Klagemauer von oben Steine wie »ein
Schwarm Vögel«. Die Wachen auf dem Plateau verloren vor der von der Propaganda Saddams aufge-
peitschten Menge die Nerven. Die Schießerei soll
eine halbe Stunde gedauert haben. Es gab viele Tote.
Wolken von Tränengas hüllten den Berg wieder ein.
Bis zum Jaffa-Tor weinten die Menschen.

Nicht weit davon hängen dennoch weiterhin in
mehreren Schaufenstern Poster mit Luftaufnahmen
der Stadt, die einen neuen jüdischen Tempel anstelle
des Felsendoms zeigen, seit Jahren schon. Vorbeige-
henden Muslimen muß sie das Blut in die Augen treiben. Eine unerhörte Provokation. Solche Fotomon-
tagen zu verbieten macht dennoch kaum Sinn. Denn
erstens wagen sich kaum Muslime durch diese
Straßen. Und zweitens zeigen diese Bilder ja nur den
seherischen Blick, mit dem Tausende in dieser Stadt
den Berg ohnehin täglich betrachten: mit dem
zurückgekehrten Tempel an seinem angestammten
Platz.

Auf dem Tempelberg selbst erwirbt man mit den
Eintrittsbillets jedoch noch einen vierfarbigen Füh-

rer gratis, der den Touristen die Geschichte des Berges noch einmal ganz anders erzählt. »Das gesamte Areal«, ist da zu lesen, »wird als Moschee betrachtet. Manche glauben, daß es der Platz des Tempels Salomons oder der Platz des Zweiten Tempels ist, obwohl weder historische Dokumente noch archäologische Belege existieren, die diese Vermutung stützen. Für Muslime hat der Bezirk dagegen eine besondere Bedeutung, weil es der Platz der Nachtreise des Propheten ist, Friede und Segen seien mit ihm. Im neunten Jahr seiner Mission, um 620, erhob Mohammed sich in der Mitte der Nacht, um die heilige Moschee in Mekka aufzusuchen. Nach einer Zeit des Gebets fiel er nahe bei der gesegneten Kaaba in Schlaf. Der Engel Gabriel kam zu ihm und weckte ihn aus seinem Schlummer. Er führte den Propheten, Friede und Segen über ihn, zur Ecke der heiligen Moschee. Al-Burak erwartete sie da, das weißgeflügelte Roß, dessen Sprünge jeder einzeln so weit reichten, wie das Auge sehen konnte. Mohammed bestieg Al-Burak und eilte mit Gabriel nach Norden zur Al-Aksa nach Jerusalem, der entferntesten Moschee. Als sie Jerusalem erreichten, stieg der Prophet aus dem Sattel und betete bei dem Felsen. Abraham, Moses, Jesus und andere Propheten, Friede sei mit ihnen, versammelten sich, um miteinander hinter ihm zu beten.«

Die Fremdenführer zeigen Besuchern auch gleich noch den Hufabdruck Al-Buraks, dann kurz die Al-Aksa-Moschee und, daneben im Museum, die blutigen Hemden und Jeans der Märtyrer vom Oktober 1990. Danach wird kassiert. Sehr viel Geld mehr kostet es, wer einen schnellen Blick in die unterirdischen sogenannten Ställe Salomons hinter der südöstlichen Zinne der Anlage tun will, hochimposante Gewölbe aus der Kreuzfahrerzeit, oder gar auf die unterirdische Treppe, die von den vermauerten alten Huldatoren im Süden auf den Platz hinaufführt. Gerümpel liegt da herum. Verkohlte Balken. Ein verschlissener Teppich. Es stinkt ungelüftet. Sollen das wirklich die Stufen sein, über die einmal auch Jesus und Thomas, Simon und Jakob, Andreas, Johannes und die anderen Apostel auf den Platz hochgestiegen sind? Unsinn, weiß der Fremdenführer, das ist alles Werk der Kalifen. – Im Norden des Bezirks, wo in der Antike die Burg Antonia lag, müssen wir uns auf dem Weg zum Ausgang durch ein Gewimmel von Buben drängen. Um Viertel vor zehn klingelt es, die Kinder strömen in die Zimmer in der Wand zurück. Pausenende. Hier ist der Tempelberg ein Schulhof, die Häuser Schulen, wo die Kinder auswendig lernen, was der Fremdenführer erzählt.

Links unterhalb davon, an der nordwestlichen Ecke, in zwanzig Metern Tiefe, wartet indes eine Art endlos langer Synagoge darauf, endlich ans Licht treten zu dürfen. Es ist ein Tunnel, der nach dem Sechstagekrieg vom Platz der Klagemauer her unter dem muslimischen Stadtviertel an den alten Fundamenten des Tempelberges vorbei getrieben worden ist – natürlich Anlaß blutiger Krawalle und im Ergebnis atemberaubend. In diesem langen feuchten unterirdischen Gang ist die Klagemauer inzwischen schon um dreihundert Meter nach Norden hin verlängert worden. Jahrhunderte wurden da abgetragen. Manche der herodianischen Steine sind groß wie ein einziger riesiger LKW, so groß, daß sie wie eine Betonwand wirken, die größten Quader in ganz Palästina. Hier wird wie nirgendwo sonst verständlich, daß der muslimische Klerus sich strikt gegen jede archäologische Untersuchung des Tempelbergs weigert. Aus Luftaufnahmen geht zum Beispiel hervor, daß aus dem gleichen Grund alte vorislamische Reste auf dem Platz inzwischen beseitigt und zugeschüttet wurden. Nichts soll hier – mitten in Jerusalem – auch nur entfernt an eine womöglich jüdische Frühgeschichte des Areals erinnern. Was in diesem Berg steckt, läßt selbst Troja wie eine antike Müllhalde erscheinen.

Seine Eminenz Scheich Suleiman Al-Dscha'abari ist eine vollendet edle, feine Gestalt. Das Büro des Muftis von Jerusalem befindet sich am Bab-al-Nazir, einem großen Tor zum Tempelplatz geradewegs oberhalb des Tunnels, bei den Kadis des obersten muslimischen Rates. Über den Berg zu reden ist hier schwierig, über den Tempelberg unmöglich. »Bitte erwähnen Sie das Wort nicht. So etwas gibt es nicht. Das hier ist der Al-Aksa-Bezirk, und das ist wohlbekannt.« Aber gibt es nicht manche in der Stadt, die vielleicht …? – »Nun, es ist nicht unsere Sache, darüber nachzudenken, was andere über den Platz denken. Etwas war und ist vorbei. Wäre es nicht so, wäre es anders. Gott hat ihn uns gegeben. Das muß akzeptiert werden. Jedes bürgerliche Gesetz ist dazu da, gehalten zu werden. Wie soll es da mit den Gesetzen Gottes anders sein? Wir jedenfalls werden uns nie einem Urteil beugen, das unseren Glauben antastet, selbst wenn die ganze Welt es fällen sollte.« Ein Falten seiner schlanken Hände, ein Senken seiner

Augenbrauen: Die Audienz ist beendet. Sein Sekretär und Übersetzer begleitet uns den Weg hinaus. Der Felsendom spiegelt sich in seiner verspiegelten Sonnenbrille, als er uns lächelnd 250 Schekel für die kurze Begegnung abverlangt, nicht für sich selbstverständlich, sondern die vielen, die sich für das Zustandekommen dieses Termins krummgelegt hätten.

Gerschom Salomon, der Namensvetter und radikalste Gegenspieler des Muftis im Westen der Stadt, aus dem lichten Neubauviertel Givat Hamivtar, nimmt sich umsonst gern sehr viel mehr Zeit. Nein, an Geld ist er überhaupt nicht interessiert. Dafür ist Herr Salomon aber für manche Panik und die blutigen Hemden der Märtyrer mitverantwortlich. Doch kein Hauch Fanatismus begegnet einem in den Zügen des Führers der »Gläubigen des Tempelbergs«. Er ist so sanft und charmant. Lachfalten haben sich um seine Augen gegraben. Die Töchter grüßen artig.

Sein Arbeitszimmer gleicht der Bibliothek von Amos Oz, oder der des Schriftstellers A.B. Jehoschua, mit dem er zusammen in die Schule ging. Seine Beine hat er in einer verdeckten Mission Israels in Kurdistan verloren, wo er als Berater Barsanis tätig war. Er ist Orientalist und, das darf man ihm glauben, kennt die Araber von Kindheit an. Er hat nichts gegen die Araber. Einer seiner sehr, sehr guten Freunde ist Araber, sagt er sehr sanft und sagt dann weiter mit der größten Selbstverständlichkeit die größten Ungeheuerlichkeiten: »Die arabische Ära ist zu Ende. Ihre Zeit auf dem Tempelberg ist definitiv vorbei.«

Er hatte jene Einheit befehligt, die damals, im Juni 1967, den Tempelberg durch das Löwentor im Handstreich eingenommen hatte. »Damals haben wir unseren größten Fehler begangen. Alle Araber waren vom Tempelplatz geflohen! Wir hätten ihn also behalten müssen! ›Unsere Eltern haben uns immer wieder – von alters her – gesagt, daß die Juden eines Tages zurückkommen werden‹, hat mir damals ein alter Mann gesagt, den ich als einzigen noch auf dem gesamten Platz vorgefunden hatte.«

»Und, ja, so waren die Juden tatsächlich nach zweitausend Jahren nach Israel zurückgekommen. Es war ein Wunder. Keiner hatte es erwartet. Zwanzig Jahre später kamen sie nach Jerusalem zurück. Es war wieder ein Wunder, unerwartet. Nur auf den Tempelplatz kamen wir nicht, das heißt, wir kamen kampflos auf den Platz und haben ihn nachher für nichts und wieder nichts wieder zurückgegeben, umsonst, ohne jede Not.« – Und jetzt? »Jetzt wird es wieder ein Wunder geben, wie vorher schon: immer unerwartet. Denn denken Sie: Gott läßt nach? Oder er vergißt, was er vorhat? Keiner kann sich ihm entgegenstellen. – Die einzig wahre, die zionistische Revolution ist noch nicht zu Ende. Wir werden sie vollenden.«

Lächelnd erzählt er dann weiter von dieser Revolution, in der sie nun endlich wieder ihr Leben für dieses Land und für die Bibel geben werden. »Der Tod liegt nicht in unserer Hand.« Sie warten jetzt nicht mehr auf den Messias, jetzt bereiten sie ihm selbst einen Platz in der Welt. Aber merkt er denn nicht, daß er da gerade sehr fein und schön von der Apokalypse redet?« »Nein, nein, keine Angst. So ernst meinen die Araber das alles nicht, wie sie immer sagen. Wie sie wirklich zum Tempelberg stehen, zeigen sie ja am besten bei ihrem Gebet auf dem Platz: Sie strecken ihren Hintern dem alten Allerheiligsten zu und wenden sich nach Mekka. Sie haben ihr Herz und ihre Augen in Mekka, nicht hier.«

Und der Felsendom? Was soll in dieser Revolution aus ihm werden? »Ach der Felsendom. Nein, nein, der muß doch nicht in die Luft gejagt werden. Heute gibt es doch solche phantastischen technischen Möglichkeiten. Denken Sie doch einmal an die Tempel im Assuan-Stausee. So könnte doch auch dieser Bau beispielsweise – wirklicher als Mohammed je nach Jerusalem flog – in seine Bestandteile zerlegt werden und nach Mekka geflogen werden, wo er hingehört.«

In seinem flammneuen Chevrolet fahren wir, er mit seiner Pistole im Hosenbund, zu dem Grund- und Eckstein des neuen Tempels, den er und seine Treuen in der Hanevi'im-Straße in Sichtweite der Goldkuppel dieses Doms schon abgelegt haben. »Da sehen Sie: Keiner wagt, ihn auch nur zu berühren.« Eins ist gewiß. Er lügt nicht. Er ist völlig von seiner Aufgabe überzeugt. In seinem System ist kein Fehler. Seine Gegner sind für ihn alle nur zeitgebundene kleine Liberale, naiv und unbedeutend, Amos Oz und sein alter Schulfreund Jehoschua inklusive. »Sie werden bald alle vergessen sein.« Er kann sie nicht ernst nehmen, noch weniger als die Araber. Nur einen gibt es, den der sanfte Gerschom Salomon wirklich ernst nimmt und wirklich haßt: Jeschajahu Leibovitz, den viele seiner Gegner für einen der wenigen Gerechten erachten, die die Erde im Lot halten. Bei der Nennung dieses Namens werden seine Lippen schmal und seine warmen Augen kalt.

Professor Leibovitz wohnt mit seiner Frau in einem Hinterhof in der Ussischkinstraße, Parterre, und öffnet selbst. Er steht gebückt da, schaut den Besucher durch seine starke Brille von unten an und begrüßt ihn mit dem Händedruck eines Neunzehnjährigen. Professor Leibovitz ist aber neunzig Jahre alt, aus Reval in Estland, und hat, soweit er sich zurückerinnern kann, und da war er drei – immer schon drei Sprachen gesprochen: Jiddisch, Hebräisch, Deutsch. Danach kam erst Russisch, Englisch und der ganze Rest.

Gebeugt geht er vor dem Gast ins Haus und läßt es sich nicht nehmen, in der Küche selbst einen Kaffee aufzubrühen. Ein Blick in die Wohnung zeigt: Keiner unterstützt ihn, er hat keine Hintermänner. Jetzt bringt er den Mokka in die Bibliothek, gießt ein – »Trinken Sie, trinken Sie, bevor er kalt wird!« –, springt noch einmal auf, zieht die Tür zu, legt seinen Kopf seitlich in die Hand und blickt mich prüfend und hellwach durch seine dicken Brillengläser an.

Die ersten Fragen beantwortet er mit Gegenfragen. Dann antwortet er direkt. »Wenn es nicht zur Trennung des Landes kommt, kommt es zur Katastrophe!« – Und was ist mit Jerusalem und dem Tempelberg? »Ich wiederhole: Wenn es nicht zur Trennung des Landes kommt, kommt es zur Katastrophe! Und ich sage Ihnen noch eins: Eine Teilung ist nicht nur das Notwendige, sondern das Wünschenswerte. Zwei meiner Söhne waren in vier Kriegen. Es ist

genug.« – Aber läßt die Geschichte das Wünschenswerte in Jerusalem überhaupt zu? Jetzt springt er
vom Sofa auf, fuchtelt mit der Faust, schreit:»Unser
Problem sind nicht die letzten fünftausend Jahre, sondern der heutige Tag: der 4. November 1993! Und da
haben wir zwei Völker in einem Land. Egal, warum
und wieso. Nichts ändert irgend etwas an dieser Tat-
sache. Selbst Abraham, Moses, Isaak und Jakob
haben keine Bedeutung mehr, wenn sie nicht dem
heutigen Tag dienen. Israel ist nicht der Staat des
Judentums, sondern des jüdischen Volkes. Palästina
wird nicht der Staat des Islam sein, sondern der Staat
des palästinensischen Volkes.«

Und was ist mit den Zeloten? Der Zorn schießt
ihm ins Gesicht, er schreit noch lauter, bellt:»Ich sage
Ihnen doch, es handelt sich um den heutigen Tag und
sonst um nichts: nicht um Geschichtsdenken, sondern
um politisches Denken. Noch einmal: Es handelt sich
nur um diesen 4. November 1993, allein und nur um
den heutigen Tag! Sie aber leben in einer vollkommen
fiktiven Welt. Ich rede von Tatsachen, die jenseits
aller ideologischen, religiösen und Glaubensfragen
liegen. Die Triebfedern sind völlig gleichgültig. Entweder die beiden Völker kommen überein – oder es
kommt zu einer nie erlebten Katastrophe.«

Er läßt sich ins Sofa zurückfallen:»Natürlich war
und ist der Widerstand stark. Sadat ist deswegen
ermordet worden. Vielleicht findet sich bald unter uns
jemand, der Rabin ermorden wird. Sie aber reden so,
als gäbe es einen Willen hier und da. Wir sind tief
gespalten – und die arabische Welt ist auch tief
gespalten.« Aber gibt es denn keine Möglichkeiten,

die Spaltung zu überwinden? – Er schaut mich an, schiebt das Käppi zurück auf seinen Hinterkopf und sagt sehr langsam: »Ich kenne keine menschliche Gesellschaft, die nicht gespalten ist. Nur bei Ihnen haben die Nazis einmal vorgegeben, sie hätten die Spaltung überwunden.«

(1994)

Epilog – Prolog
Die doppelgesichtige Heilige:
El Kuds und Jeruschalaim

Genau zwei Jahre nach unserem Gespräch, und als
Professor Leibovitz es schon nicht mehr selbst erleben
mußte, machte ein hübscher und intelligenter junger
Mann namens Jigal Amir dessen düstere Prophezeiung aus der Ussischkinstraße wahr, als er Jitzchak
Rabin am 4. November 1995 auf dem Platz der Könige
in Tel Aviv erschoß. Die Erfüllung vieler anderer Verheißungen – heller wie dunkler – stehen für Jerusalem
hingegen immer noch aus, wo jeder Blick in die Ver-
gangenheit immer auch schon die Zukunft prophe-
tisch mit beleuchtet. Dabei sehen wir: Keiner scheint
vitaler als die Radikalen; sie überleben jede Katastrophe. Das ist das Szenario, mit dem hier das neue Jahrtausend beginnt. Die Abrahamiten zerstritten uneins
wie eh und je, untereinander und gegeneinander, heute aber in ganz neuer Nachbarschaft.

Für Jerusalem ist diese Spaltung völlig offenbar.
Vielleicht ist darum auch in jedem Gespräch über ihr
Schicksal zu hören: »Die Stadt darf nie mehr geteilt
werden!« Natürlich nicht! Wer könnte etwas anderes
wollen, nachdem die Mauer und der Stacheldraht

hier vor dreißig Jahren endlich niedergerissen wurden? Und doch, was heißt das? Denn kaum eine Stadt ist ja in sich unheilbarer geteilt: in einen West- und einen Ostteil, eine arabische und eine jüdische Seite der Stadt, in die sich der andere Bevölkerungsteil freiwillig jeweils kaum hineinwagt.

»Die Widersprüchlichkeit Jerusalems scheint schon im Namen der Stadt verankert«, hat der Schriftsteller Amos Elon dazu einmal bemerkt. »Denn das Suffix ›aim‹ in ›Jeruschalaim‹ kennzeichnet im Hebräischen immer den Begriff eines Paares; es gehören also immer zwei Elemente zu solchen Wörtern: wie beispielsweise in ›Einaim‹ für die Augen oder ›Osnaim‹ für die Ohren. Und merkwürdig, in Jeruschalaim erstreckt sich dieser Dual sogar auf die Landschaft. Die Stadt liegt genau auf der Wasserscheide zwischen Ost und West. Die Grenzlinie zwischen Wüste und kultiviertem Land läuft mitten durch die Stadt. Die schroffen Berge der Wüste von Juda, die im Osten der Stadt zum Toten Meer hin abfallen, stehen im krassen Gegensatz zu den grünen, bewaldeten Hügeln im Westen, wo der Wein wächst und es Weizen, Oliven und Feigen in Fülle gibt.« – Ja, das stimmt, und jetzt ist das geeinte Jeruschalaim sogar zur ein und derselben Hauptstadt zweier Völker geworden, ob es ihnen gefällt oder nicht. »Israels Hauptstadt für immer« wird für immer auch die Hauptstadt Palästinas bleiben, mit weniger werden sich die Palästinenser nie und nimmer zufriedengeben.

»Die Israelis und die Palästinenser sind bestimmt, Tür an Tür miteinander zu wohnen«, wird Amos Oz am Rand der Negev-Wüste deshalb nicht müde zu betonen, »ob wir es mögen oder nicht, ob wir uns mögen oder nicht, ob wir uns ähnlich sind oder nicht, ob wir uns in der Zukunft ähnlich werden oder nicht. Wir werden Tür an Tür miteinander leben müssen – als engste Nachbarn, mit allen Unterschieden, mit einer ganzen Palette verschiedener Traditionen, mit dem Bewußtsein, daß die menschliche Art eine Polyphonie bleibt und bleiben wird und bleiben muß. Keiner wird sich radikal ändern.«

Gewiß, und gewiß trifft diese radikale Nähe und Nachbarschaft im Heiligen Land auch noch auf andere Orte zu. Doch nirgendwo so sehr wie in der Heiligen Stadt selbst, dem zwiegesichtigen Jerusalem, wo sich alle Widersprüche der menschlichen Kultur durch Jahrtausende hindurch zu einem wahrhaft unlösbaren Knoten verbunden und verwickelt haben, der – so anders als der gordische Knoten – niemals mit einem Schwertstreich zu lösen sein wird.

Dieser Knoten ist der wirklich zentrale historische Konfliktpunkt des nächsten Jahrhunderts, als Herausforderung an den Verstand und die Phantasie der ganzen Menschheit. Jerusalem ist das Zentrum des Konflikts. Hier kommt die Weltgeschichte für immer auf den Punkt. »Das Land Israel liegt in der Mitte der Welt«, sagten schon die alten Rabbinen, »Jerusalem liegt in der Mitte des Landes; der Tempel liegt in der Mitte der Stadt.« Es ist der gleiche Platz, wo Wladimir Solowjew vor hundert Jahren schon den apokalyptischen Endkampf der Mächte und Gewalten in seiner visionären »Kurzen Erzählung vom Antichrist« in Szene gesetzt hat.

Doch man muß wirklich nicht die Literatur bemühen, um sich hier eine endzeitliche Auseinandersetzung vorzustellen. »Mitten in Jerusalem«, sagte Meron Benvenisti, der stellvertretende und hellsichtige Bürgermeister der Stadt erst vor wenigen Jahren, »tickt in Gestalt des Tempelberges eine Zeitbombe von apokalyptischer Zerstörungskraft.« Ja, es ist wahr und muß kaum noch wiederholt werden. Doch es bleibt verstörend, daß sich all diese alten Visionen vieler Zeiten zusammen mit den heutigen Analysen so deckungsgleich immer auf diesen einen konkreten kleinen Ort beziehen. Endgültig in unserer Zeit ist der Tempelberg zum Berg der Entscheidung über das Schicksal der Welt geworden. Als die großen Prophezeiungen über Jerusalem niedergeschrieben wurden, war die Stadt immer nur eine anmaßende Provinzstadt am Rand oder zwischen den Großreichen und Supermächten, verglichen mit all den großen Metropolen des antiken Orients, verglichen mit Memphis, Babylon oder Ninive. Nun sind die Irakis schon längst keine Babylonier mehr, die Syrer keine Assyrer, die Türken keine Hethiter und die modernen Griechen oder Italiener sind auch gewiß nicht mehr mit den alten Hellenen oder Römern identisch. Nur die Juden sind immer noch Juden, in New York, Berlin, Paris, Moskau, auf der ganzen Welt, von wo sie erst in unserer Zeit wieder nach Jerusalem zurückgekehrt sind – und wo sie nun merkwürdigerweise auch die Philister, die so lange als verschollen gelten konnten, nach weit über zweitausend Jahren wieder zum historischen Leben erweckt haben. Es ist unerhört, keiner verkörpert jedenfalls mehr als die Juden den roten Faden unserer Geschichte. Erst heute, vor unseren Augen, werden viele der alten Prophezeiungen ganz wahr und offenbar.

Deshalb gilt es auch noch an ein Letztes zu erinnern. Androhungen des Untergangs ranken sich gleichermaßen mit Verheißungen eines himmlischen Hochzeitsmahls um diesen gleichen Ort. »Auf diesem Berg«, lesen wir ebenfalls bei Jesaja, »wird der Herr der Heere für alle Völker ein Festmahl geben, ein Gelage mit erlesenen Weinen und den besten und feinsten Speisen. Auf diesem Berg zerreißt Er die Hülle, die alle Nationen verhüllt, und die Decke, die alle Völker bedeckt. Er beseitigt den Tod für immer. ... Ja, die Hand des Herrn ruht auf diesem Berg.« – Ja, und nirgendwo ist eine radikale Trennung von Thron und Altar deshalb früher als für diesen kleinen Platz gefordert worden, als rigorose Entheiligung aller Herrscher und Herrschaft und jeder Macht und Gewalt im Namen des Herrn. »Nie mehr«, ruft der Visionär Ezechiel schon 600 Jahre vor Christus über diesen Ort, »nie mehr sollen die Könige ihre Paläste neben meinen Tempel setzen, nie mehr sollen sie Pfosten an Pfosten mit mir wohnen, spricht der Herr, damit ihre Abscheulichkeiten nie mehr meinen Namen besudeln. Die ganze Stadt auf dem Berg soll mein sein. Und nicht mehr Jeruschalaim soll sie heißen, sondern Jahwe-schamma, das heißt: Der Herr wohnt dort!«

Was kann darüber hinaus noch gesagt werden? Was läßt sich mehr darüber sagen, daß Jerusalem ein Zeichen ist, eine Verhaftete Gottes, beschlagnahmt,

Sein Eigentum, kurz: El Kuds – die Heilige. Er hat
seine Hand auf ihr. Ja, wahrhaftig, Gott liebt diese
Stadt. Das zumindest ist über allen Fragen ganz frag-
los geblieben. – »Ach, wie schön ist es in Jerusalem!«
sagt sich Rabbi Kolitz deshalb hier auch jeden Morgen von neuem, wenn er im Westen aus dem Fenster
blickt. Noch schöner ist es aber im Osten. Und schöner als dort vom Ölberg läßt sich die Stadt wohl von
keiner anderen Stelle anschauen, von einem jener
uralten Grabsteine etwa, die unterhalb der »Domi-
nus flevit«-Kirche wie Geröll in der Landschaft liegen
– da, wo »der Herr weinte«. Nirgendwo sonst läßt sich
auch besser der ganze Tempelberg gegenüber in den
Blick nehmen: als die Spitze eines Feuerbergs, dessen
Grund in das Magma der Menschheitsgeschichte
reicht.

Der Berg Abrahams und Isaaks. Die Barriere und
das Riff, an dem jede billige Hoffnung auf einen
leichten endgültigen Frieden zerschellt. Der Berg,
der bis ans Ende der Zeit zeigen wird, daß all das, was
wir bis heute von der Bibel begriffen und ergriffen
haben, immer noch nicht ausreicht, um schon miteinander in Frieden und Gerechtigkeit zu leben. Hier
wird und muß deshalb der Messias erscheinen und
wieder erscheinen, glauben die Juden und Christen –
und selbst sehr viele Muslime Jerusalems. Doch keiner der Beteiligten an diesem Drama hat sich seine
Rolle ausgesucht, kaum einer hat frei gewählt, an was
er glaubt. Alle müssen auf diesem Berg daher noch
einmal in die Schule, zurück vor unsere unerledigte
Aufgabe seit der Frühzeit: Keine Menschenopfer
mehr! Jetzt braucht es darum gerade hier einen

neuen Quantensprung in der Geschichte, wie damals mit Abraham und Isaak.

Wie können freie Menschen aber überhaupt neben einem allmächtigen Gott existieren, ist eine Frage seit damals. Vor wenigen Jahrhunderten hat der Kabbalist Isaak Luria sie folgendermaßen beantwortet: Der Schöpfungsakt Gottes ist nur als ein Akt äußerster Zurückhaltung zu verstehen. Gott hat sich bei der Schöpfung selbst beschnitten und zurückgenommen, um den Geschöpfen in Seiner Allmacht überhaupt Raum und Luft zum Leben zu bieten: um der Welt und den Menschen in der Zurücknahme Seiner Selbst Platz für ihre eigene Existenz und Wahlfreiheit einzuräumen. Das mag man verstehen wollen oder nicht. Doch in unseren Tagen hat Gott es nun so gefügt, daß er das Volk seiner ersten Liebe solche kreative Zurücknahme vor den Augen der ganzen Welt nachahmen läßt – vor dem Platz seines ersten und verlorengegangenen Allerheiligsten, vorbildlos und ohne jede Alternative: als Vorbild und Lehrstück für alle. Wer könnte es Israel nachtun?

Es ist unglaublich. Die Anspannung jeden Tag zum Zerreißen. Dennoch hat die Welt noch kaum begriffen, daß sie über diesem durchbohrten alten Opferstein da drüben zugrunde gehen würde, wenn Israel jemals aufhören sollte, in einer radikalen Selbstbeschneidung der Sehnsucht seiner Frommen und Zurückhaltung seiner Macht vor der Klagemauer haltzumachen. Unvorstellbar? Nein, das ist ganz und gar nicht unvorstellbar. Denn die Erde verträgt keinen Weltkrieg mehr zwischen der jüdisch-christlichen Welt des Westens und der Welt des Islam, der sich nir-

gendwo so sehr wie an diesem Stein entzünden könnte – und entzünden müßte. Ein nuklearer Kreuzzug –
gleichgültig, in welche Richtung – würde heute aber
geradewegs von Jerusalem zu den Schlachtfeldern von
Armageddon führen. Da drüben von diesem Gipfel
aus.

Jetzt überwältigt die aufgehende Sonne die Kuppel des Felsendoms in purpurnem Tumult. Gold-
glühende Flammen schlagen im Anbruch des neuen
Tages aus dem Brandaltar. Die Hand liegt schon wieder am Griff des Messers. Ein Blitz zuckt auf über
Jeruschalaim. Doch heute schreit keine Stimme mehr
vom Himmel: »Leg das Messer aus der Hand!« Weder
ein Donnern noch ein Flüstern im Gebüsch sind zu
hören. Jerusalem, Jerusalem! Jetzt haben nur noch
die Menschen das Wort. Sie sehen wie Brüder aus,
wie sie da auf dem Berg stehen, beide ratlos, heute
beide ohne ihren Vater. Nun muß dieses ungleiche
Paar in eigener Verantwortung miteinander über ihr
Erbe reden: Was wollen sie heute opfern? Wie wollen
sie heute auf die Liebe antworten, mit der dieses
Stückchen Erde seit Anbeginn übergossen wurde:
Isaak und Ismael, die beiden einzigen Söhne Abrahams. Die ganze Welt schaut auf sie. Und sie blicken
auf die Welt, schielend vor Schreck, über Kreuz vor
Sehnsucht: das rechte und das linke Auge im Gesicht
von Gottes liebster Stadt.

(1997)

Inhalt

Die Deutsche Bibliothek – CIP-Einheitsaufnahme

Badde, Paul:
Jerusalem Jerusalem/Paul Badde.
Berlin : Verl. Volk und Welt, 1997
ISBN 3-353-01080-7

Copyright © 1997
by Verlag Volk und Welt GmbH, Berlin.
Alle Rechte der Verbreitung, auch durch Film, Funk und
Fernsehen, fotomechanische Wiedergabe, Ton- und Bildträ-
ger jeder Art, auszugsweisen Nachdruck oder Einspeiche-
rung und Rückgewinnung in Datenverarbeitungsanlagen
aller Art, sind vorbehalten.
Schutzumschlag: Lothar Reher
Gesetzt aus der TimesTen, Linotype
Satz: deutsch-türkischer fotosatz, Berlin
Druck und Bindearbeiten: Wiener Verlag
Printed in Austria
ISBN 3-353-01080-7